Frère Luc,
monnik en arts in Tibhirine

Frère Luc, monnik en arts in Tibhirine
Auteurs: Christophe Henning
& Dom Thomas Georgeon
Oorspronkelijke titel:
Frère Luc, la biographie © Bayard Editions 2011.

Vormgeving en druk: Halewijn nv
Foto's: RR

www.halewijn.info

D/2011/5930/021
ISBN 978-90-8528-195-5

Christophe Henning &
Dom Thomas Georgeon

Frère Luc, monnik en arts in Tibhirine

halewijn

‘Bekijk het leven welwillend en teder.
Iedere dag komen wij dichter
bij de verjaardag van onze dood.
Zoals de hoogte van de golven geen invloed heeft
op de diepte van de zee,
zo wordt de zin van het leven niet beïnvloed
door wat er gebeurt aan de oppervlakte.
De echte zin van ons leven
moet naar God blijven leiden.’

Frère Luc, Tibhirine, 12 Februari 1994

VOORWOORD

Frère Luc, mijn vriend en broer

door acteur Michael Lonsdale,
die de rol van frère Luc vertolkte in de film 'Des hommes et des dieux'

Frère Luc draag ik nog altijd mee in mijn gebed. Voor mij is hij een toonbeeld van echte vroomheid, een groot voorbeeld. Wat een leven! Een halve eeuw lang heeft hij zijn leven aan God gegeven. Een leven van zelfopoffering, van dienstbaarheid aan zijn medemensen. Een antwoord op een van de allermooiste zinnen uit het evangelie: 'Er is geen grotere liefde dan je leven te geven voor je vrienden.' De monniken van Tibhirine begrepen dat hun leven in gevaar was, maar ze bleven op post om tot het uiterste broederlijk, met elkaar delend en in onderling respect samen te leven. Het land verlaten, zou voor hen betekenen dat ze de Algerijnse mensen in de steek lieten. Net zoals zijn medebroeders hield Luc van deze mensen. Door te weigeren het klooster te verlaten, heeft hij hun zijn leven gegeven. Hij ging zo ver dat hij zichzelf voor hen opofferde.

Ik kende het verhaal van Tibhirine al voor we de film *Des hommes et des dieux* draaiden, want in de Saint-Sulpicekerk in Parijs woonde ik ooit een avond bij ter nagedachtenis aan de monniken. Ik heb ook een aantal teksten over hen gelezen, waaronder het geestelijk testament van Christian de Chergé, de prior van de gemeenschap. Frère Luc zelf kende ik niet zo goed. Er bestaat wel een documentaire over hem, maar die zag ik pas na het draaien van de film. Frère Luc zegt in die documentaire niet veel, hij had niet veel zin om naar buiten te treden. De levenswijze van die man, terughoudend, maar tegelijk onverzettelijk en vol passie, sprak me aan. Frère Luc had een uitgesproken karakter. Maar hij had ook een gemoedelijke en diepmenselijke kant, vol liefde voor zijn medebroeders en voor de dorpelingen. Jarenlang was hij dag in dag uit in de weer om de mensen van het dorp te verzorgen. Tien tot twaalf uur per dag was hij daarmee bezig. Dat zo lang volhouden, dat is werkelijk onvoorstelbaar.

Om beschikbaar te zijn voor de zieken bleef hij lekenbroeder. Zo hoefde hij bij tijdsgebrek niet alle kerkdiensten bij te wonen. Verzorgen, hulp bieden, pijn stillen, dat was zijn grootste bekommernis. Er bestaat geen mooiere roeping. Hij was heel aanspreekbaar: men kwam bij hem op medisch consult, maar ook gewoon om raad te vragen, om hem te vragen te bemiddelen bij familiekwesties. Hij was een *maraboet*, een echte wijze. Een mooi leven.

Frère Luc was een heerlijk personage om te vertolken. Ik had zelfs niet de indruk dat ik hem speelde, ik wás hem. De rol vertolken van iemand die het heilig zijn zo dicht benadert, daar werd ik echt gelukkig van. Ik denk aan frère Luc zoals aan Moeder Teresa, Madeleine Delbrêl of soeur Emmanuelle: een gelovig mens die zich voor honderd procent actief inzet, maar er tegelijk ook een heel diep gebedsleven op nahoudt.

Frère Luc mocht ik op een vrije manier vertolken. Regisseur Xavier Beauvois schonk ons veel vertrouwen. Dikwijls vroeg hij me om te improviseren. Bijvoorbeeld voor de scène waarin ik aan een jong meisje uitleg wat liefde is en hoe je die herkent als ze in je leven opduikt. Ik heb toen gezegd wat mijn hart me ingaf. Wat Frère Luc zelf zou geantwoord hebben, weet ik niet, maar ik geloof wel dat hij iets gelijkaardigs zou gezegd hebben. Door mij helemaal in te leven in mijn rol heb ik een vrij goed inzicht gekregen in de manier van handelen van frère Luc. Hij schonk zichzelf helemaal weg aan de anderen.

Deze rol heeft me diep getroffen. Het is een groot geluk als je je voor een keer in je leven mag identificeren met zo'n grote persoonlijkheid. De rol van frère Luc is een van de mooiste rollen die ik vertolkt heb. Hij was zo edelmoedig.

Het geloof kan op vele manieren beleefd worden, maar dit is een van de mooiste die ik ken. Voor mij is en blijft hij een vriend, een broer.

Michael Lonsdale
Parijs, 9 maart 2011

INLEIDING

Op zoek naar de andere

'Jullie getuigen van het belangeloze karakter van een leven dat verborgen blijft en dat zelfs helemaal uit handen gegeven wordt voor God. Jullie zullen misschien niet de vreugde smaken door anderen opgevolgd te worden, maar jullie oefenen een onschatbare invloed uit,' dat zegt generaal-abt van de cisterciënzerorde dom Bernardo Olivera bij zijn bezoek aan de monniken van de Atlas in juni 1991. Op dat moment heeft hij er geen idee van dat hij vijf jaar later opnieuw naar Tibhirine zal reizen, maar dan om de monniken te begraven.

Getuigen van het belangeloze karakter van een leven dat verborgen blijft... Een halve eeuw lang stond frère Luc, in alle eenvoud maar standvastig, symbool voor deze roeping. Frère Luc was een gevoelig mens en lekenbroeder, bescheiden en werkzaam, heel bekommerd om de mensen en tegelijk 'gist in het deeg' van zijn gemeenschap.

Wanneer frère Amédée - een van de twee broeders die ontsnapten aan de gijzeling van 26 maart 1996 - een jaar na de dood van zijn medebroeders een getuigenis neerschrijft, begint hij als volgt: 'Ik zou het allereerst willen hebben over die goede frère Luc, onze dokter. Bijna vijftig jaar hebben we samen geleefd'. Frère Luc is samen met de andere zes monniken van de Atlas die de marteldood stierven, meegesleurd in een draaikolk van blind geweld en broedermoord. Net zoals de anderen had hij zijn leven vooraf reeds aan God gegeven én aan het land dat sinds een halve eeuw het zijne was. Nooit heeft hij enige verantwoordelijke functie uitgeoefend binnen de kloostergemeenschap, en toch was hij er als het ware de hoeksteen van. Zijn medebroeders zagen in hem een wijs man, iemand die met eenvoud kon bidden in een intens contemplatieve omgeving. Hij was monnik en arts, en uiteindelijk werd hij ook martelaar.

'Van de groep was het frère Luc die bij de Algerijnse bevolking het meest bekend, gerespecteerd en geliefd was.' Dat onderstreept Armand Veilleux[1] . Hij heeft duizenden mannen, vrouwen, kinderen, ouderlingen, rebellen, gekwetsten en zieken verzorgd voor hem uiteindelijk dat verschrikkelijke lot te beurt viel, met zesenvijftig dagen gevangenschap voor men hem executeerde. Deze monnik heeft zich zo door het bestaan laten raken dat hij zijn leven gaf, een leven vol paradoxen.

'U bent een man boordevol contrasten. Het lijkt me dat de intensiteit van uw aanwezigheid onder ons veel van haar smaak haalt uit het samengaan van al die tegenstrijdigheden. En lijkt dat samenspel van contrasten niet enigszins op die geheime saus van u die ervoor zorgt dat de spijzen hun natuurlijke smaak behouden?' Wanneer Christian de Chergé op 31 januari 1994 tracht het portret van frère Luc te schetsen naar aanleiding van diens tachtigste verjaardag, bekent hij in zekere zin dat het niet gemakkelijk is de monnik-medicus te typeren. Daarom wijst hij met humor op de paradoxen die frère Luc in zich verenigt: de man beschikt over 'een geneesherencultuur, die echter handig tegengesproken wordt door zijn strenge getrouwheid aan de gebruiken en geplogendheden van het lekenbroederschap'. En nog: 'Frère Luc bezit een potentieel gewelddadig temperament, maar met inzet van al zijn moed tracht hij iedere opwelling van zijn opvliegendheid te beheersen. Tegelijk wordt hij ook gekenmerkt door golven van tederheid, die opwellen van God-weet-waar, en die weerloos maken tegenover het lijden.'

De prior haalt verder nog aan dat frère Luc soms 'pijnlijk naar adem hapt', maar verder 'onwaarschijnlijk gezond is'. Ook is er sprake van 'een zeker pessimisme', maar dat contrasteert dan weer met 'het vurige vertrouwen in de barmhartigheid' waarvan frère Luc getuigt na een halve eeuw kloosterleven in Tibhirine. Monnik, arts en weldra ook martelaar, een mens met duizend facetten, waardoor bij iedere biograaf de moed in de schoenen zinkt. Maar de alombekende en geliefde dokter van de Atlas laat zo'n diep spoor na in zijn gemeenschap dat het een illusie is het mysterie van Tibhirine te kunnen benaderen zonder het door de ogen van frère Luc te bekijken. Ook vandaag blijft hij voor vele Algerijnen een man van de voorzienigheid, die mensen opnieuw vertrouwen en hoop gaf, niet alleen door zijn medische diagnoses, maar ook door zijn goede menselijke contacten. Door zijn bescheidenheid, vanzelfsprekend voor een lekenbroeder, voelde hij zich bovendien niet geroepen om sporen van zijn aanwezigheid na te laten. Maar uit de brieven, anekdotes, persoonlijke notities en teksten van de communiteit komt een man naar voren met een ontwapenende eenvoud en een rotsvast geloof, ondanks zijn pijnlijke ongerustheid over zijn 'broeders in het menszijn'. Hoewel zijn kloosterleven beslist niet rechtlijnig verlopen is, wat in dit boek duidelijk wordt aangetoond, was hij iemand die alles in zichzelf tot eenheid en eenvoud had gebracht. Een mens die zich niet bij de gang van zaken wou neerleggen, maar die levenslang en met name tijdens de gebeurtenissen van de jaren negentig in Algerije, bleef proberen een spirituele betekenis voor de situatie te vinden. Dat blijkt uit zijn brief van 21 juni 1995: 'Wij krijgen te maken met de duistere kant van de wereld, met haat en geweld. Maar daar moet je niet van wegvluchten, je moet veeleer het kleine plekje dat je is toevertrouwd, uitdiepen, dan zal je God en al het overige vinden. De liefde graaft dieper.'

Een door zijn zoektocht naar God 'verdiepte' mens, een mens ook die 'verdiept' was door zijn ontmoeting met de andere. Iemand die we graag hadden ontmoet en beluisterd, om hem beter te begrijpen en hem ook aan anderen beter te leren kennen. Ongetwijfeld had hij zich dan met een pirouette of een kwinkslag uit de voeten gemaakt, terwijl hij met grote eenvoud een verrassende innerlijke weg vervolgde. Dat is wat we ontdekt hebben in de maanden dat we in de leer gingen bij deze monnik die ook dokter was. Door de documenten en de getuigenissen heen is frère Luc ons meer nabij gekomen. Als een broer.

Thomas Georgeon en
Chistophe Henning

HOOFDSTUK 1

Een dubbele roeping

Paul Gabriël Dochier wordt geboren op 31 januari 1914 in Bourg-de-Péage, in de Franse Drôme. Na André en Marthe is hij het derde kind van Gabriël Dochier en diens vrouw Hélène Ageron. Zes dagen na zijn geboorte, op 5 februari, wordt hij gedoopt in de dorpskerk, de *église Sainte-Marie,* waar nu een herdenkingsplaat hangt. Broer en zus treden op als peter en meter. Van zijn kindertijd zijn er nauwelijks nog sporen in de familie. De gemeente Bourg-de-Péage telde in die tijd een kleine zesduizend inwoners, die hoofdzakelijk van de hoedenindustrie leefden. Terwijl het aangrenzende stadje Romans zich specialiseerde in de fabricatie van schoenen, legde Bourg-de-Péage zich in de negentiende en nog een flink deel van de twintigste eeuw toe op het vervaardigen van allerlei 'hoofddeksels'. Tijdens het interbellum, de periode waarin Paul Dochier opgroeide, waren er in dit kleine stadje aan de oever van de Isère niet minder dan twaalfhonderd arbeiders in deze nijverheid actief. De gemeente is overigens ontstaan en gegroeid uit het oversteken van de Isère, via een middeleeuwse brug. De naam van het dorp (Bourg) werd aangevuld met 'Péage' (tol), (vandaar Bourg-de-Péage) omdat de abdij van Sint-Barnard in Romans het tolrecht op de brug bezat. De lotgevallen van beide gemeenten, elk op haar eigen oever van de soms wild wassende Isère, zijn dus heel nauw met elkaar verbonden.

In de familie Dochier kwam een beroemde voorouder voor: Jean-Baptiste Dochier (2 december 1742 - 28 december 1828) was advocaat in de jaren voor de Franse revolutie. Hij was vertegenwoordiger van de derde stand in de Staten-Generaal van 1789, werd lid van de grondwetgevende *Assemblée* en burgemeester van Romans. Hij publiceerde over historische onderwerpen. Zo schreef hij in 1789 bijvoorbeeld een *Eloge du Chevalier Bayard.* Grootvader Théodore van zijn kant bezat een kleine onderneming waarin schoenen werden gemaakt. Zijn zoon Gabriël werkte als handelsreiziger voor dit familiebedrijf, maar hij verkocht spoedig het fabriekje om te gaan rentenieren.

De kindertijd van de jonge Paul was rustig en gelukkig. Tientallen jaren later duikt in een brief van frère Luc, van 2 augustus 1992, een spoor van een vakantieherinnering op: 'Uw kaart haalt veel herinneringen in me naar boven,' schrijft hij aan zijn correspondent. 'Toen ik acht was, ging ik met moeder op vakantie naar La Louvesc, een heiligdom van de jezuïeten voor de heilige Jean François Régis en zuster Thérèse Couderc, stichteres van de zusters van Notre Dame du Cénacle. Ik herinner me de fontein nog heel goed, en de basiliek, het onthaal voor de pelgrims, het *Hôtel des trois pigeons,* de frambozen en de veenbessen. En dat alles is onderhand al meer dan zeventig jaar geleden!'

Op 5 juni 1924, hij is dan tien jaar oud, wordt Paul gevormd in de *Saint-Nicolas,* de kerk van Romans, door monseigneur Désiré -Marie-Hyppolyte Paget, bisschop van Valence (van 1920 tot 1932). Iedere dag gaat de jongste Dochier de brug over die de beide stadsdelen met elkaar verbindt, want hij loopt school in Romans, aan de *Ecole Saint-Maurice.* Lager en middelbaar onderwijs maakt hij gezwind af, maar de examens van het baccalaureaat zijn er de eerste keer te veel aan: hij zakt. De jonge sportieveling is te veel bezig met rugby. Lang is hij abonnee van het sportblad *Midi Olympique* en zo volgt hij jarenlang, zelfs in Tibhirine, de uitslagen van zijn favoriete club, *US Romano-Péageoise*.

Na die mislukking op school wordt hij in 1930 naar Valence gestuurd, twintig kilometer van huis, om er zijn studies af te maken in het *Institut Notre-Dame*. Hij is dan zestien jaar oud. Na de gebeurtenissen van 1996 is ook daar een gedachtenisplaat aangebracht, in de kapel van de school. Die plaat herinnert eraan dat frère Luc hier les volgde voor hij in 1932 medische studies aanvatte aan de universiteit van Lyon. Een briljante toekomst wenkt en de ouders Dochier koesteren hoge verwachtingen voor hun zoon. Ze beginnen ook al een huwelijk te 'regelen' met een rijke erfgename van een groot domein in de Drôme. Maar de student verdraagt die bemoeizucht niet. Hij weigert vierkant, op gevaar af zijn familie zwaar te ontgoochelen. Later zal frère Luc er in Tibhirine nog af en toe grapjes over maken: 'En zeggen dat ik als kasteelheer door het leven had kunnen gaan!'

Schijnbaar verloopt zijn jeugd dus rimpelloos, behalve op één punt: Paul Dochier is geboren net voor de eerste wereldoorlog. En de dood zal niet ophouden rondom hem toe te slaan. Met veel of weinig geweld. De dood van zijn broer André, die in 1931 door tbc geveld wordt, komt hard aan bij de jonge Paul. De dood is ongevraagd komen aankloppen en zal hem nooit meer loslaten. Niet als mens en evenmin als Godzoeker.

Is dit een van de redenen waarom hij medicijnen gaat studeren? Wellicht. Weldra ontpopt hij zich tot een begaafd en onthecht jong mens. Paul Dochier gaat op kamers in een katholiek studentenhuis (het *MEC*), dat in 1874 door de jezuïeten speciaal voor de studenten geneeskunde was opgericht. Overweldigend is zijn belangstelling voor de religieuze activiteiten die in dit huis plaatsvinden zeker niet. Eens te meer zijn het de rugbyuitslagen die hem bezighouden - een passie die hij tot het einde van zijn leven zal bewaren. Hij houdt van het biljartspel en is ook een echte lekkerbek. Zo doet hij in zijn studententijd de *bouchons lyonnais,* de traditionele restaurantjes van de stad, aan en maakt goede vrienden. Hij zal vele contacten onderhouden met zijn collega's artsen van de faculteit in Lyon en speciaal met professor Guillemin. In 1934 slaagt hij voor het examen en krijgt het *Hôpital Grange Blanche* als standplaats. Dat ziekenhuis was gloednieuw: de constructie werd in 1909 aangevat op initiatief van Edouard Herriot, de toenmalige burgemeester van Lyon naar wie het later zou genoemd worden, en in 1933 was het eindelijk klaar. Het hospitaal, dat bestaat uit meerdere met elkaar verbonden paviljoenen, werd gebouwd door architect Tony Garnier en is het grootste ziekenhuis in de regio Rhône-Alpes.

Paul Dochier geniet van het leven in Lyon. Hij wandelt in de lanen van het *parc de la Tête d'Or,* waarvan hij de bloeiende bomen bewondert en wanneer hij af en toe naar Romans reist, kijkt hij met vreugde vanuit de trein naar het landschap. Die liefde voor de natuur zal hem zijn leven lang bijblijven. Ongetwijfeld een teken van de innerlijke zoektocht die hij deelt met een andere student geneeskunde, Roger Duvernay. Die treedt in 1936 in de abdij van Aiguebelle in, waar hij de naam frère Bruno ontvangt, nog voor Paul Dochier er zelfs maar aan denkt om monnik te worden. Is het tijdens een bezoek aan die frère Bruno dat hij dit leven ontdekt van stilte, van gebed, van zichzelf wegcijferen om geheel met God te leven? In elk geval houdt hij het verborgen voor zijn entourage. In april 1937 verdwijnt de jonge student zelfs een tijdje uit de circulatie. Niemand weet waar hij zich ophoudt. In feite bevindt hij zich in Aiguebelle, waar hij een innerlijke 'aardverschuiving' meemaakt. Verstandig en voorzichtig vraagt de abt van Aiguebelle dat hij zou blijven studeren: 'Je mag al eens met ons meeleven, maar je moet je studie wel afmaken.'

De jonge Dochier wil een punt zetten achter het verleden, niet meer terug naar *Grange Blanche*, niet meer wonen in het *MEC*. Tijdens die periode waarin hij tracht een onderscheid te maken en afstand te nemen, krijgt hij hulp van de abt. Die zorgt ervoor dat hij in het *Hôpital de l'Antiquaille* mag werken. Dat was gevestigd in het voormalige klooster van de Zusters Visitandinnen, op de Fourvièreheuvel van Lyon. Het hospitaal werd in 2003 opgeheven. Dochiers beginnende roeping wordt verdiept door zijn bezoeken aan de ondergrondse kapel van dit ziekenhuis. In deze kapel vond in juni 177 sint-Pothinus, die samen met de heilige Blandina was aangehouden, de dood, totaal uitgeput, mishandeld en gefolterd door de beulen.

Duvernay gaat uiteindelijk een paar jaar later over naar de jezuieten, maar ondertussen vervoegt Paul Dochier zich bij hem te Aiguebelle, 'halftijds' weliswaar, zo lang hij zijn studie afmaakt. Na het eindexamen in oktober 1938 begint hij te werken aan een proefschrift over 'het syndroom van Milkmann', een pijnlijke ziekte met verweking van het bot, waardoor spontaan botbreuken optreden en ontkalking van het skelet. Een ziekte die in 1930 voor het eerst beschreven werd door de Amerikaan Louis Milkmann. Pas op 4 april 1940 zal hij zijn proefschrift kunnen verdedigen aan de medische faculteit van Lyon: ondertussen heeft hij zijn militaire dienstplicht vervuld.

Op het einde van 1938 volgt Paul Dochier de officiersopleiding in de kazerne van Villeurbanne en op 28 januari 1939 scheept hij in aan boord van de *Maréchal Lyautey* richting Casablanca.

Op zijn verzoek wordt hij gestationeerd in Goulimine, tweehonderd kilometer ten zuiden van Agadir, een belangrijk knooppunt voor de handelskaravanen in Zuid-Marokko. Reeds vele eeuwen wordt Goulimine beschouwd als de 'poort tot de woestijn'. Het is een van de traditionele doorgangen naar Mauritanië en Timboektoe. Daar gebeurt iets wat de jonge rekruut ervaart als een soort openbaring: de ontmoeting met de inwoners zal zijn leven ingrijpend veranderen. In 1940 behaalt hij zijn doktersdiploma, maar hij blijft verder als jonge luitenant onder de wapenen tot in 1941.

Paul Dochier heeft nooit veel verteld over die twee jaren die hij aan de rand van de woestijn doorbracht. Ze lagen waarschijnlijk wel aan de oorsprong van zijn 'Algerijnse roeping' als frère Luc. In ieder geval waren het onvergetelijke jaren. Wanneer hij in de trappistenabdij van Aiguebelle intreedt, is dat duidelijk om uiteindelijk naar Tibhirine te gaan. Het kan moeilijk anders of bij hem moet in zekere mate het verlangen meegespeeld hebben om het contact met de moslimbevolking te hernieuwen. Hij had die leren kennen onder de zon van Goulimine, waar hij geconfronteerd werd met de armoede van de nomaden en aangetrokken werd door de weidsheid van de woestijn.

Het is ook in Marokko dat een nieuwe doorn zich diep in zijn hart boort. Hij lijdt nog altijd onder het te vroege overlijden van zijn broer en nu krijgt hij opnieuw te maken met de dood: zijn moeder, Hélène Dochier, krijgt in 1940 een herseninfarct. Ze sterft terwijl haar zoon-soldaat onbereikbaar veraf is in Zuid-Marokko. Later zal Paul Dochier zijn leed verstoppen achter een grapje: 'Mijn moeder enerveerde mij, want ze hield veel te veel van mij!' In 1965 schrijft hij een brief aan dom Ignace, de generaal-abt van de trappisten, die op dat ogenblik net zijn moeder heeft verloren. Frère Luc schrijft daarin: 'Ik verneem het overlijden van uw moeder. Ik schrijf u onmiddellijk om u mijn oprechte gevoelens van religieuze genegenheid kenbaar te maken. Wanneer een mens met pijn in het hart zijn moeder verliest, dan verdwijnt ook een deel van zijn leven, zijn jeugd is voorgoed voorbij en de oude dag breekt aan. Misschien troost het u dat u bij haar was?'

Van de weg die zijn roeping heeft afgelegd, zijn weinig sporen overgebleven. Wellicht is dat eigen aan een man die zo'n discreet, verborgen leven leidde. Er was ook geen enkele reden waarom men zich zou verdiepen in het leven van een klein groepje monniken in een uithoek van het Atlasgebergte. Frère Luc maakte weinig omhaal over zijn eigen zoektocht - daarin verschilde hij trouwens niet van de anderen - en zijn verlangen naar een contemplatief en teruggetrokken leven was zijn hartsgeheim. Wanneer hij uit de Maghreb terugkeert, moet hij ten overstaan van monseigneur Camille Pic wel open kaart spelen over zijn plannen. De toenmalige bisschop van Valence moedigt hem aan om zijn roeping te volgen door priester te worden. Maar dat gebeurt niet. Parochiewerk ligt hem niet echt en ondanks alle aansporingen dient Paul Dochier zich niet aan op het seminarie.

Veel later zal hij mensen uit zijn omgeving toevertrouwen dat het kartuizersleven hem wel aanspreekt. Aan vrienden die op zijn verjaardag een mis hebben laten opdragen in de *Grande Chartreuse* schrijft frère Luc: 'Ik zal u iets verklappen: ik heb eertijds getwijfeld tussen de *Grande Chartreuse* en de trappisten. Voor de terugkeer van de kartuizers in 1940[2] ging ik meermaals naar de *Grande Chartreuse* (het was maar een vijfenveertig kilometer bij ons vandaan). Mijn hart heeft heel lang voor dat klooster geklopt. Nu ik tachtig ben, denk ik er nog steeds met heimwee aan terug.'

Er valt niet aan te twijfelen: hij voelt zich echt geroepen tot het monastieke leven. Dat wordt hem trouwens bevestigd door Marthe Robin, die hij te Châteauneuf-de-Galaure, een dertig kilometer ten noorden van Bourg-le-Péage, gaat opzoeken. Marthe Robin is sinds 1928 totaal verlamd. Zij lijdt het lijden van Christus. Tegelijk houdt ze niet op bezoekers te ontvangen, ze luistert en geeft raad. Paul Dochier is een van de mensen van wie Marthe Robin de levensweg heeft verhelderd met weinig woorden. La *Grande Chartreuse* of *la Trappe* - kartuizer of trappist? De jonge dokter herinnert zich hoe zijn vriend Duvernay monnik wou worden, en ook hoe hijzelf de eerste keren bij de cisterciënzers verbleef. Uiteindelijk, in november 1941, wordt hij opgenomen in de vlakbijgelegen abdij van Aiguebelle, waar hij als oblaat aanvaard wordt op 7 december 1941, de vooravond van het feest van de Onbevlekte Ontvangenis en ook de tragische dag van de aanval op Pearl Harbor. Terwijl de wereld in vuur en vlam staat, maakt Paul Dochier de radicale keuze voor een leven van stilte en gebed.

Drie weken nadat hij in de communiteit is ingetreden, begint de jonge oblaat aan zijn noviciaat. Hij trekt de monnikspij aan als 'koormonnik', maar behoudt wel de voornaam die hij bij zijn doop heeft gekregen: hij wordt voortaan dus frère Paul genoemd. De hervorming van het monastieke leven is in die tijd al onderweg. Vanaf 1953 start de generaal-abt van de trappisten, Dom Gabriel Sortais, een proces dat zal leiden tot het eenmaken van de statuten van lekenbroeders en koormonniken. Het duurt nog tot het Tweede Vaticaans Concilie voor dit onderscheid geheel wordt weggewerkt: het slotdecreet wordt uitgevaardigd in december 1965. Gezien Paul Dochier al dokter is, lijkt het logisch dat hij koormonnik wordt, zich gaat toeleggen op studie en gebed, en wellicht later ook priester gewijd wordt. Maar het duurt niet lang of hij weigert het statuut van koormonnik: eenvoudige lekenbroeder zijn, dat is wat hij verkiest. Of zouden de abt of de novicemeester hem die keuze ingefluisterd hebben? Dat lijkt weinig waarschijnlijk. In elk geval, na zijn eerste jaar noviciaat in Aiguebelle wordt hij op 3 december 1942 ingekleed als lekenbroeder. Hij krijgt de naam van frère Luc.

Volgens de cisterciënzertraditie wijden de lekenbroeders zich aan de goede werking van de abdijgemeenschap op materieel gebied. Zo zorgen ze ervoor dat hun medebroeders koormonniken vrijgesteld worden van een aantal praktische beslommeringen zodat ze zich beter kunnen concentreren op liturgie en studie. Al wil dat niet zeggen dat de koormonniken helemaal vrijgesteld zijn van handenarbeid. Conform de regel van Benedictus (48,1) blijven ook zij daaraan een gedeelte van hun tijd besteden: 'Ledigheid is de vijand van de ziel. Daarom moeten de broeders op bepaalde tijden bezig zijn met handenarbeid en op bepaalde tijden met de *lectio divina*.' Lekenbroeder zijn is een manier van zelfgave, van zichzelf wegcijferen voor de anderen. Heel begrijpelijk dus dat frère Luc zulke opvatting tot de zijne heeft gemaakt: door lekenbroeder te worden, engageert hij zich om voortaan een nog eenvoudiger leven te leiden, volledig gewijd aan handenarbeid. Hij kiest voor een verborgen bestaan, zelfs in het hart van de abdij. Omdat hij niet verplicht is om bij alle officies van de monniken aanwezig te zijn, leidt hij een leven met een nog soberder ritme van liturgie en gebed. Zijn plaats is niet in het koorgestoelte, maar achteraan, waar het officie van de lekenbroeders gezegd wordt. Dat bestaat uit het reciteren van Onzevaders en Weesgegroeten. Op die manier zal frère Luc tot op de laatste dag zijn roeping beleven, ondanks de hervorming na Vaticanum II. Toen de orde in 1965 het eenmakingsdecreet afkondigde dat het onderscheid tussen koormonniken en lekenbroeders deed verdwijnen, moest frère Luc dat wel aanvaarden, maar in zijn hart en zijn gewoonten is hij tot op het eind een lekenbroeder gebleven. Iedereen heeft daarmee ook altijd ingestemd: zowel in Aiguebelle als in Tibhirine leefde hij op de achtergrond, maar dat was conform zijn statuut en zeker niet omdat hij zich binnen de gemeenschap tegenover zijn medebroeders wou laten opmerken. Overigens - en dat toont zijn hele leven aan - kon hij dankzij het statuut van lekenbroeder ook een grotere soepelheid aan de dag leggen ten aanzien van de regel en de monastieke verplichtingen. Zo kon hij de inwoners van verre bergdorpjes verzorgen of er consultaties houden. Zonder twijfel is dat een van de typische eigenaardigheden van frère Luc: de man die in zijn gemeenschap lekenbroeder en bijgevolg een enigszins marginale figuur bleef, was tegelijk ook een monnik die een heel centrale rol speelde, een echte steunpilaar in het klooster van de Atlas. Dat is de vrucht van een halve eeuw menselijke geschiedenis.

De kleine Paul op de arm van zijn moeder Hélène Dochier-Ageron, met zijn zus Marthe en zijn broer André.

Begin 1939, Paul Dochier doet zijn legerdienst in Goulimine in Zuid-Marokko. In 1941 beëindigt hij zijn dienst als luitenant.

HOOFDSTUK 2

Dokter in gevangenschap

De abdij *Notre-Dame d'Aiguebelle* werd in 1137 gesticht door de monniken van Morimond (Champagne). Daarmee is ze een van de oudste cisterciënzerabdijen. Ze is gebouwd in een uithoek van het gebergte, waar drie beken - de Ranc, de Flammenche en de Vence - samenkomen, in een afgelegen vallei waar de winters hard zijn. Door het uitgestrekte domein waarop ze gebouwd is, kent de abdij eerst een paar eeuwen lang welvaart. De gebouwen zijn groots, stevig en indrukwekkend. Maar de gemeenschap maakt talrijke beproevingen door en het scheelt weinig of ze verdwijnt onder de harde aanpak van de Franse Revolutie. In de negentiende eeuw kent de gemeenschap echter een merkwaardige heropbloei: in 1850 telt ze niet minder dan 233 monniken. Dat leidt tot heel wat nieuwe stichtingen: in de Ardèche (*Notre-Dame des Neiges*), in de streek van Toulouse (*Sainte-Marie du Désert*) en in Bresse (*Notre-Dame des Dombes*). In 1843 wordt vanuit Aiguebelle ook de abdij van Staouéli gesticht. Dit is de eerste vestiging van cisterciënzers in Algerije, een voorafbeelding van *Notre-Dame de l'Atlas* in Tibhirine.

Wanneer frère Luc intreedt in Aiguebelle weet hij wat er zich aan de overkant van de Middellandse Zee heeft afgespeeld: in 1830 leverde het Franse leger slag in de buurt van Staouéli en veroverde zo Algerije. In het spoor van de kolonisatie kwamen ook de monniken. Het rapport van de parlementaire werkgroep van 1841 zegt daarover heel duidelijk: 'Het invoeren van een religieuze congregatie zal beslist heilzaam zijn voor de Algerijnse cultuur. De trappisten bijvoorbeeld kunnen hun zeer waardevolle landbouwervaring en toonbeelden van een heilig leven aanbrengen,' aldus Francisque de Corcelle, afgevaardigde van het departement van de Orne. Aiguebelle heeft er de middelen voor en de abdij gaat op de oproep in. De keuze valt op Staouéli - wat 'het land van de heiligen' betekent - op enkele kilometer ten westen van Algiers. Dom Orsise, de abt van Aiguebelle, zendt dertien monniken uit.

In enkele jaren tijd ontwikkelt het klooster zich met een verbluffende snelheid. Tien jaar na de stichting telt de gemeenschap al honderdtwintig monniken. Maar het klimaat is ruw, de gezondheid wankel en velen overlijden: in de periode van zestig jaar dat het klooster bestaat, begraaft men een tweehonderd monniken. Bovendien is de uitbating van het uitgestrekte domein niet eenvoudig. Bij het begin van de twintigste eeuw, onder het abbatiaat van de vierde abt, dom Louis de Gonzague, is de balans teleurstellend: lokale roepingen blijken schaars, de inkomsten uit de landbouw zijn nog altijd heel wisselvallig en ook de vooruitzichten zijn somber, vanwege de wet die in 1901 wordt afgekondigd en die de scheiding van Kerk en Staat regelt. Daarom wordt besloten Algerije te verlaten en te verhuizen naar het klooster van Maguzzano dat men in Italië heeft aangekocht.

In november 1904 vindt de verhuis plaats. Maar het Algerijnse verhaal is daarmee nog niet afgelopen. In 1938 komen de cisterciënzers opnieuw naar Algerije en wordt de abdij van Aiguebelle het 'moederhuis' van het monasterium *Notre-Dame de l'Atlas* in Tibhirine. Het duurt niet lang voor frère Luc naar de Atlas afreist, nauwelijks acht jaar na de aankomst van de allereerste broeders. Maar voor dat gebeurt zal het leven van de jonge monnik nog flink dooreengeschud worden.

De novice die zich voorneemt om lekenbroeder te worden ten dienste van de anderen, vat in Aiguebelle dus zijn monastieke leven aan, met allerlei doodgewone, heel klassieke activiteiten: hij werkt in de wasserij en de keuken en ongetwijfeld ook op de abdijhoeve en in het chocoladefabriekje, dat nog tot 1978 in productie blijft. Allemaal zonder het minste verband met de geneeskunde, want zijn confrater en voorganger frère Bruno Duvernay staat in voor de medische zorg in de communiteit. Men vermoedt dat frère Luc hoogstens af en toe wat diensten heeft kunnen bewijzen op de ziekenzaal van het klooster en in de omliggende dorpen. Zijn leven in Aiguebelle lijkt wel muurvast te zitten, met als enig lichtpunt de hoop misschien ooit naar Tibhirine te kunnen gaan. Maar terwijl het ernaaruit ziet dat de wereldoorlog volstrekt aan hem zal voorbijgaan, denkt frère Luc terug aan een vriend, zoals hijzelf afkomstig uit Bourg-de-Péage, die dokter is geworden en vader van vier kinderen. Of liever: hij verneemt dat de dokter door de bezetter gevangen is genomen en geïnterneerd in een kamp. In de zomer van 1943 meldt frère Luc zich vrijwillig om de plaats in te nemen van dokter Beziaud, die al sinds 28 juni 1941 gevangen wordt gehouden in het Oflag 6A, in de buurt van Soest in Noordrijn-Westfalen.

Van 1940 tot de Bevrijding zullen in dit kamp tussen tweeduizendvijfhonderd en vijfduizend mannen, vooral Franse officieren, gevangen zitten. Het kampleven is er geen pretje, ook al is het niet te vergelijken met dat in de deportatiekampen. De krijgsgevangen officieren werken niet en de tijd kruipt maar traag voorbij. Er moet gezorgd worden voor een nieuw groepsleven - men zou haast durven zeggen: een gemeenschapsleven - zodat de mannen die op een relatief kleine oppervlakte opgesloten zitten, de moed niet verliezen. Frère Luc, die zich dus vrijwillig heeft aangeboden om de huisvader te vervangen - wat enigszins doet denken aan de Poolse franciscaan Maximilaan Kolbe die in Auschwitz een stap vooruit zette om in de plaats van een andere huisvader gedood te worden – treft in Oflag 6A ook Charles Laurent aan, de man van zijn oudere zus Marthe. Zijn schoonbroer is beroepsmilitair en bevindt zich al sinds 1941 in Duits gevangenschap. Een extra reden dus voor frère Luc om zich aan te bieden. Achter het prikkeldraad is hij opnieuw luitenant-dokter Paul Dochier, en dus moet hij instaan voor de gezondheidstoestand van zijn lotgenoten en zelfs voor die van alle gevangenen.

De Russische officieren, die bijzonder slecht behandeld worden en er slecht aan toe zijn, plukken de vruchten van zijn attente verzorging. Daarin toont hij zich zowel arts als monnik: die twee facetten zijn bij hem niet van elkaar los te maken. Een voorval toont dat goed aan: wanneer hij merkt dat niemand de Russische gevangenen verzorgt, bedenkt frère Luc een plan waarbij de Franse medegevangenen uitgenodigd worden om hun eigen geneesmiddelen op te sparen zodat er voldoende reserve is om ook de Russen te kunnen helpen. Een tijdlang wordt de dokter zelfs samen met de tyfuspatiënten in quarantaine geplaatst. Bij de Bevrijding schenkt een van de Russische gevangenen, een man met tekentalent, hem als dank een portret. Die houtskooltekening op vergeeld papier is nog altijd in het bezit van Pierre Laurent, een neef van frère Luc. Een andere gevangene - of misschien wel dezelfde kunstenaar - gaf hem ook een Christus met doornenkroon. Die reproductie gaf de dokter weg aan een medegevangene uit Anjou die wat vroeger vrijkwam, aangezien frère Luc bij de laatste gekwetsten wou blijven die nog gerepatrieerd moesten worden. ‘Wat hem kenmerkte was zijn kalmte, goedheid, humor en professionele ernst, zijn bereidheid ieder te verzorgen die dat nodig had,’ zo herinnert zich een ex-krijgsgevangen officier. ‘Zijn werk als dokter is hij tot aan de grens van het mogelijke blijven doen - zelfs met gevaar voor zijn leven. Zijn ascetische ingesteldheid deed hem de bedeling van ons mager voedselrantsoen overslaan. Soms moesten we hem op dat punt een beetje in de gaten houden.' Paul Dochier kon het ook goed vinden met een Duitse aalmoezenier, die hem trouwens zijn brevier schonk, maar over die vriendschap bleef hij uiterst discreet. Zou hij af en toe ook nazisoldaten verzorgd hebben? Hij zorgde alleszins voor zijn landgenoten en ook voor de Russen die unaniem geminacht werden, zoals hij zich later zal bezighouden met de *fellaga's* of met integristische moslims. Dokter Dochier heeft nooit geweigerd iemand te verzorgen. 'Zelfs de duivel niet,' zei hij eens. Een confidentie die haar volle mysterie blijft behouden. In de loop van deze gewelddadige eeuw heeft die 'duivel' ongetwijfeld gedurende zowat zestig jaren bijzonder originele medische praktijk het gezicht gekregen van uiterst verschillende mensen. De uitdrukking staat wellicht ook heel eenvoudig symbool voor een grenzeloze inzet in dienst van de lijdende mens.

Voor frère Luc is de mens zelf het allerbelangrijkste, niet diens politieke opvatting, gelovige overtuiging of maatschappelijke positie, hoewel hij daar zelf weloverwogen opvattingen over had. Niets kon hem ervan weerhouden lijdende of zieke mensen te verzorgen, en zelfs de meest geminachte mensen stond hij bij, zoals die Russische gevangenen die door iedereen verstoten werden in de onverbiddelijke context van het kampleven. Hij zette zelfs zijn eigen gezondheid op het spel, temeer daar er vaak vrijwel niets te eten viel. Zelfs de Duitsers moesten zich soms tevredenstellen met restjes om hun hardnekkige honger te stillen.

Wanneer eindelijk de gevangenen van Oflag 6A vrijkomen, is het met frère Luc maar triestig gesteld. In het gezelschap van zijn schoonbroer Charles Laurent trekt hij huiswaarts, maar van het ouderlijk huis is niets meer over. De Duitsers hebben bij de aftocht in 1944 een vijftiental huizen in Bourg-de-Péage en Romans opgeblazen. Om op krachten te komen brengt hij een deel van de zomer van 1945 door bij familie in een hoeve in Saint-Christophe-et-le-Laris in de Drôme, een twintigtal kilometer ten noorden van Bourg-le-Péage. De ex-krijgsgevangene plaagt zijn neef Pierre Laurent wat, want die moet in september naar Parijs om er college te volgen; zonder veel succes spoort hij hem aan om zijn schoolwerk te maken.

Maar spoedig keert frère Luc naar Aiguebelle terug: op 7 augustus, een maand na zijn terugkeer uit Duitsland, is hij opnieuw in zijn abdij. Het volgende jaar, op 15 augustus 1946, feest van de Tenhemelopneming van Maria, legt hij in de handen van de vader abt van La Trappe eenvoudige geloften af als lekenbroeder. De abt van Aiguebelle is immers ziek en dom Etienne Chenevière, die terugkeert uit Rome en op zijn reisweg de abdij in de Drôme aandoet, gaat voor in de dienst. Het lijkt erop dat het allemaal een beetje hals-over-kop gebeurt: eigenlijk moest frère Luc nog een paar maand langer novice blijven. Maar zijn professie werd vervroegd om hem toe te laten zich zo vlug mogelijk naar Tibhirine, in Algerije, te begeven en in die gemeenschap te gaan leven. Of het nu kwam door de emotie van het moment of integendeel uit nederigheid, in elk geval staat in de archieven van Aiguebelle opgetekend dat de stem van frère Luc nauwelijks te horen was: 'men heeft de professieformule haast niet kunnen horen,' noteert de kroniekschrijver met spijt. Er staat ook dat zijn vertrek diep betreurd wordt op de ziekenzaal van Aiguebelle, wat dus doet denken dat hij er toch wel wat diensten bewees. Maar het is ergens anders dat men hem verwacht.

In de zomer van 1943 meldt Paul Dochier zich vrijwillig aan om een dokter te vervangen die een gezin heeft en wordt vastgehouden in Oflag 6A in Noordrijn-Westfalen.

Bij de Bevrijding krijgt Paul Dochier van een Russische gevangene zijn portret in houtskool.

Luitenant-dokter Paul Dochier (vierde van links, met baard) met de andere gevangenen, Oflag 6A, tussen 1943 en 1945.

September 1946: de communitieit van Tibhirine krijgt versterking van zes monniken, onder wie frère Luc (rechts op de tweede rij).

1950: de gemeenschap van Tibhirine bij de plechtige professie van père Etienne. De monniken zullen nooit meer zo talrijk zijn. Frère Luc is de vierde van links op de tweede rij.

HOOFDSTUK 3

Een beginnende gemeenschap

Op 26 augustus 1946 maakt frère Luc deel uit van de groep monniken uit Aiguebelle die de gemeenschap van Tibhirine gaan versterken. Per vrachtwagen vertrekken ze vanaf de abdijpoort van Aiguebelle. Die reis wordt van naaldje tot draadje verteld in het *diarium*, het dagboek van de gemeenschap van Tibhirine. Daaruit blijkt hoe belangrijk de broeders ginder de versterking achtten en hoe ze ernaar uitkeken. Zes monniken gaan dus op weg naar de Atlas. Drie anderen zullen wat later overkomen. Het kleine gezelschap heeft een vijftiental colli's bij zich, goed voor zo'n zeshonderd kilogram aan materieel en uitrusting. De broeders vinden er niets beters op dan onder de heerlijke zomerzon bovenop de pakken in de vrachtwagen te klimmen. De verslaggever van dit uitstapje maakt zich vrolijk over de monniken die, hobbelend op weg naar Marseille, hoog bovenop hun bagage gehesen, toch hun gebeden prevelen.

De reizigers overnachten bij de salesianen en doen het nodige voor hun afreis de volgende morgen: ze zullen inschepen op de *Ville d'Oran*. In de ochtend van 27 augustus gaan ze naar de mis en vertrouwen ze hun reis toe aan *Notre-Dame-de-la-Garde*. Na een stevig ontbijt storten ze zich in de drukte. Na vier uur drummen, belanden ze eindelijk op het schip, op het drukke onderste dek voor de passagiers die in vierde klasse reizen. Maar weldra worden ze opgemerkt door de scheepsdokter en die neemt hen onder zijn hoede. Ze worden ondergebracht in hutten van de bemanning. Frère Luc en frère Juste slapen in de ziekenboeg.

De overtocht duurt de hele nacht en op 28 augustus, feest van sint-Augustinus, bisschop van Hippo, meren ze rond elf uur 's morgens af aan de rede van Algiers. In het journaal van de communiteit staat te lezen dat frère Luc Algiers charmant vindt: 'het witte Algiers in het groen'. Wanneer ze hun pakken en bagage opnieuw in handen krijgen en een paar hoffelijkheden hebben uitgewisseld, is de dag al flink gevorderd en moeten ze nog een heel eind verder. Het is nacht wanneer de vrachtwagen de slingerende bergengtes van de Chiffa bereikt. De weg die voor de koplichten van de wagen naar omhoog klimt, laat een indrukwekkende herinnering na bij de nieuw aangekomenen. Die worden met vreugde bij de kloosterpoort begroet: 'De klokken verwelkomden ons al vanuit de verte en bij de poort stond de hele gemeenschap om ons te omhelzen met een tederheid die ons trof (...) En we gingen aan tafel in de zoete vrede van *Notre-Dame de l'Atlas,'* aldus een van de 'nieuwe broeders'. Het geluksgevoel van deze eerste uren is overrompelend. 'Medebroeders Luc en Juste zijn als betoverd door het prachtige panorama en de diepe stilte van deze eenzaamheid.'

De aankomst van de jonge en enthousiaste fraters geeft een nieuw elan aan de kleine gemeenschap die sinds 1938 in dit uitgestrekte wijnproductiegebied gevestigd is. Er is veel werk aan de winkel: de wijn moet geperst, de hoeve uitgebaat en de molen moet olie doen vloeien - een taak die frère Luc in het begin moet opknappen. Kortom: de nieuwelingen doen niets anders dan het gewone werk in de abdij, maar door hun aantal krijgt alles opnieuw meer dynamiek. De dag nadat de versterking is aangekomen, noteert de kroniekschrijver: 'De officies hernemen met een plechtigheid en een klank die we ons niet meer herinnerden.' Diezelfde dag gaat de communiteit op bedevaart naar Staouéli. Op die manier betuigen ze dat ze in zekere mate van de vroegere abdij afstammen, ondanks een hiaat van vierendertig jaar en hoewel de motivatie thans heel anders is. Uiteraard gaat het nog altijd om een christelijke en contemplatieve aanwezigheid in Algerije, maar de koloniale 'veroveringsdimensie' is niet meer aanwezig.

De aanwezigheid van frère Luc zal goeddeels het nieuwe uitzicht van de communiteit bepalen: het wordt een gemeenschap die nu de bevolking veel meer nabij zal zijn, ten dienste van de armen en lijdenden. Hoewel de plaats van het dispensarium veel discussie binnen de communiteit van Tibhirine heeft uitgelokt, is van het begin af die dienstbaarheid aan de medemens uit de buurt evident. Allereerst: het plan om een lokaal te voorzien waarin de plaatselijke bevolking welkom is en waar zorgen kunnen verstrekt worden, is absoluut geen gril van de monnik geworden dokter Dochier. Dat project bestond immers al eerder. Reeds in 1937, op datum van 30 januari, dus nog voordat het klooster van *Notre-Dame de l'Atlas* op 24 december 1938 canoniek werd opgericht als priorij, komt er in het dagboek van de communiteit volgende melding voor: 'Wij ontvingen voor het dispensarium de som van 6000 francs (...) Die mooie subsidie werd ons toegekend naar aanleiding van het lovende rapport van meneer de sub-prefect van Médéa, die zijn bewondering uitsprak voor het vele goeds dat de gratis verzorging van de Arabieren heeft opgeleverd.' Van bij de oprichting en zonder dat er een arts bij betrokken was, was het dispensarium al een project van de kloostergemeenschap. Wellicht was dat te danken aan de herboristische kennis van pater Berchmans, een van de medebroeders, die uit het Sloveense klooster *Notre-Dame-de-la-Délivrance* afkomstig was.

Frère Luc wordt natuurlijk meteen ingeschakeld in dit project, hoewel sommigen beweren dat men hem eerst het hoeden van de hoevedieren zou hebben toevertrouwd. Uiteraard is het altijd mogelijk dat hij ook heel ondergeschikte klussen als dierenverzorging of landbouw heeft opgeknapt, maar niemand twijfelt eraan dat de komst van een geneesheer fantastisch interessant was voor het bestaande dispensarium, ook al was dat naar alle waarschijnlijkheid sinds de oorlog niet meer echt actief. Frère Luc komt aan op 28 augustus en op 31 augustus gaat hij met de prior van de gemeenschap naar Médéa, waarna beiden zich naar Algiers begeven om toelating te vragen om het dispensarium te openen. Op 10 september is de dokter al aan het werk, want in het dagboek van de gemeenschap leest men: 'Frère Luc bezoekt een zieke, bedlegerige Arabische familie: tyfuskoorts. En 's avonds wordt er een vlo gevonden! Brrr!!!'

De gemeenschap begrijpt dat de aanwezigheid van frère Luc in dienst van de bevolking staat. In hetzelfde dagboek wordt uitgeweid over de persoonlijkheid van de broeders die uit Aiguebelle zijn gekomen. Wat over frère Luc gezegd wordt, is glashelder: 'Frère Luc, dokter Dochier, militair geneesheer in Marokko, vrijwillig gevangene in 1943, eerst koormonnik, daarna convers, wil zich inzetten voor de Arabieren.' En het is juist dat zijn medische kennis welkom is in die weliswaar dun bevolkte, maar arme, heel slecht bediende bergstreek.

De eerste dagen van frère Luc in Tibhirine zetten de toon. Op 12 september, twee weken na de aankomst, sterft père Bernard in de armen van de jonge kloosterling, die de zieke niet heeft kunnen helpen. Op 16 september gaan frère Luc en frère Augustin het nodige materiaal aankopen voor de bouw van het dispensarium, met name spoorwegrails die moeten dienen om het dak in terrasvorm aan te leggen. Op 23 september bezoekt hij een aantal families in de buurt van het klooster. De ontmoeting is een echte schok, en die ontdekking rapporteert hij in telegramstijl

- met welke intensiteit! - aan de gemeenschap: 'Vijf kinderen overleden; mazelen. Heel het gehucht zou moeten gevaccineerd worden! Verneem van een Arabier dat de kinderen met gebed beginnen op 12 jaar, zoals Jezus op weg ging naar de Tempel. Een ziek oudje (55 jaar): "Maar waarom kom je me verzorgen? Je bent toch geen familie! Waarom? Van ganser harte bedankt!".' Frère Luc was daardoor diep getroffen.

Dat is de beloning die frère Luc krijgt - voorzover hij die al zocht natuurlijk. Binnen enkele dagen is hij de mensen al heel nabij gekomen en niets van wat hij ontdekt laat hem onverschillig. Een maand na zijn aankomst vinden we deze harde vaststelling: 'Frère Luc gruwt van de miserie van de smerige, lage, lemen en met een weinig riet bedekte krotten. Ze moeten uit naastenliefde geholpen worden, gedwongen tot een betere huisvesting. De inheemse bevolking in Marokko heeft betere huizen en de mensen zijn er ook vriendelijker voor de Europeanen.' In een paar weken komt het komen en gaan van de zieken op gang. Uit de dorpen in de omgeving, soms zelfs van heinde en ver, komen de mensen om de dokter-monnik te spreken. Frère Luc moet in zijn hele leven zowat een zeshonderdduizend patiënten gezien hebben. En de zieken zijn hem heel dankbaar: 'Ik geef u niets, maar God zal u belonen', zegt een grijsaard met koorts, die hem op 26 oktober 1946 in het dispensarium komt opzoeken.

Toch moet er ook rekening gehouden worden met enige tegenstand: in de gemeenteraad van Médéa bijvoorbeeld, die in die tijd bestond uit 'Europese' en zogenaamd 'inheemse' Algerijnen, geven die laatsten uitdrukking aan hun wens dat het dispensarium 'in lekenhanden' zou zijn. Enkele dokters van Médéa verzetten zich nog tegen de opening van dit medisch centrum waarvan de reputatie van dag tot dag toeneemt. Maar het baat niet: op

4 juni 1947 wordt frère Luc ingeschreven op de rol van de orde van geneesheren en hij krijgt bij wijze van uitzondering het diploma *honoris causa*; wat betekent dat hij de geneeskunde mag beoefenen zonder daarvoor een contributie te betalen. En op het splinternieuwe dispensarium worden al graffiti nagelaten: 'Moge Allah je genezen' leest men op een buitenmuur, en binnen heeft een patiënt blijkbaar de tijd gehad om te krabbelen: 'Moge Allah zegeningen over je hoofd laten neerkomen'.

De faam van frère Luc begint te groeien. In september 1947 nemen journalisten een kijkje in het medisch centrum om het portret te schetsen van die merkwaardige trappist die de hele dag door consultaties houdt. Vijftien maand na de aankomst van dokter Dochier, op 14 november 1947, moet er al een tweede register begonnen worden. Het eerste boek is al vol: 3600 consultaties hadden in die korte tijdspanne plaats.

Al die intense bedrijvigheid om medische bijstand te verlenen mag niet doen vergeten dat frère Luc voor Tibhirine heeft gekozen om er een leven van stilte en gebed te leiden te midden van zijn medebroeders. Maar die nog prille gemeenschap is nog maar aan haar eerste pasjes toe en is in die eerste jaren na de oorlog ook flink dooreengeschud. *Notre-Dame de l'Atlas* staat als contemplatieve communiteit duidelijk in het verlengde van Staouéli. Maar de verwantschap van het nieuwe klooster met die eerste stichting is toch ietwat complexer. Wanneer in 1904 Staouéli gesloten wordt, beslist een van de monniken, frère François, toch in Algerije te blijven, in afwachting van een ommekeer. Maar in 1934 zijn het Joegoslavische monniken uit Rahjenberg, op de vlucht voor politieke spanningen en de landbouwhervorming, die *Notre-Dame de la Délivrance* stichten in Ouled-Triff. Dat hooggelegen dorp in het Atlasgebergte is echter niet praktisch en zij zoeken huisvesting in een lagergelegen gebied. Het wordt Ben-Chicao waar ze in 1935 onderdak vinden. Het is een uitgestrekt landgoed, waarvan de gemeenschap evenwel geen eigenares kan worden omdat het tot het openbaar domein behoort. Bovendien zijn er nieuwe verwikkelingen en uiteindelijk is het Aiguebelle dat in 1937 het klooster sticht, met versterking van medebroeders uit Frankrijk en van niet meer dan twee broeders uit Italië, waarnaar zij in het begin van de eeuw de wijk genomen hadden.

In een brief van maart 1938 schrijft dom Smets, de toenmalige generaal-abt aan dom Delauze, de abt van Aiguebelle, over Tibhirine, waarvan men de oprichting als priorij had aangevraagd: 'Als de stichters afkomstig van Rahjenburg zouden weggaan, zijn er nog vier broeders over die van Aiguebelle afhangen en twee uit Maguzzano, en die laatsten zijn er zelfs de oorzaak van dat Maguzzano gesloten is. Welnu, het is niet met elementen van de doden dat men het leven verzekert. Als u wil dat de nieuwe stichting geen winkel wordt, die hoogstens als kolonie kan dienst doen, maar die nooit een echt cisterciënzerklooster zal worden, dan moet u die mensen terugroepen. We hebben ginds geen modelhoeve nodig en geen wijnhandelaars, maar religieuzen met de echte cisterciënzergeest om Onze-Lieve-Heer uit te stralen.' Waarmee duidelijk wordt dat de aldus samengestelde communiteit bijzonder broos was toen zij op 7 maart 1938 haar intrek nam in Tibhirine, wat 'tuin' betekent in het Berbers, op een eertijds door een Engelsman aangelegd en uitgebaat wijngoed van zowat 374 hectaren. Op 24 december van hetzelfde jaar wordt de priorij officieel opgericht en toegewijd aan *Notre-Dame de l'Atlas*. Het imposante Mariabeeld dat zich nog te Staouéli bevindt, wordt opgehaald. Het krijgt een nieuwe plaats op de top van de rots Abd el-Kader die de vallei beheerst. Zelfs vandaag waakt de heilige Maagd nog altijd over de vallei en het verlaten klooster.

Hoe koortsachtig die eerste jaren waren, leest men af aan de vlugge wisseling van de verantwoordelijken: voor père Jean-Marie Fricker in 1939 benoemd wordt, volgen op vijf jaar tijd niet minder dan drie oversten elkaar op aan het hoofd van de communiteit. Tijdens de tweede wereldoorlog valt het intreden van nieuwe monniken helemaal stil, wat de ontwikkeling van het klooster belemmert. Wanneer in 1946 de monniken uit Aiguebelle, onder wie frère Luc, aankomen, krijgt het project opnieuw betekenis en dynamiek. Ook al is de gemeenschap bijzonder divers: naast de veteranen uit Staouéli en de monniken afkomstig uit Joegoslavië zijn er ondertussen ook al *anciens* van de 'herstichting' en nu ook jonge versterkingen van na de oorlog. Uit al die verschillende achtergronden moet er een gemeenschap groeien die één is. Een echte uitdaging! Waar trouwens een nieuwe abt zich voor zal inzetten, want in 1947 legt dom Jean-Marie zijn verantwoordelijkheden neer. Datzelfde jaar wordt Tibhirine een autonome abdij, en dus kan nu een eigen abt gekozen worden. En dat wordt dom Bernard Barbaroux, de voormalige abt van Maguzzano in Italië. Een abbatiaat in het teken van de continuïteit. Maar het wordt ook een enigszins moeilijke ambtstijd, want de abt is vermoeid en zijn gezondheid wankel. In 1951 wordt dom Jean-Marie Fricker weer tot 'nieuwe' abt gekozen.

Die bewogen geschiedenis mag anekdotisch lijken, maar zij schept in ieder geval een relatieve gejaagdheid die niet echt weldoende is voor de sereniteit, nodig voor het kloosterleven. Frère Luc wordt helemaal in beslag genomen door de werking van het dispensarium en laat zich nauwelijks opwinden door woelingen binnen de gemeenschap. Maar die maken het leven wel lastig. Een na een maken de broeders hun wensen over aan de verantwoordelijken van de orde. Sommigen vragen om 'een echt slot', en dat terwijl het klooster al volop bezig is met grote werken. Die werken zijn overigens buiten proportie voor een gemeenschap die maximaal een dertigtal leden zal tellen, maar een refter heeft voor tachtig man! Ook 'verkiezingen' kunnen de sfeer verstoren. De 'anciens', die nog in de lijn staan van Staouéli en een kloosterleven wensen waarin niets gewijzigd mag worden, staan tegenover de 'jongeren' die vanuit het vuur van het begin zich de echte 'stichters' voelen en een ander type communiteit willen uittekenen. Woelige debatten hebben plaats, waarvan zelfs in Rome een en ander vernomen wordt en er is de 'klacht' van subprior frère Anselme, gesteund door de prior, die het niet eens is met de abt. Dat alles leidt ertoe dat de generaal-abt besluit over te gaan tot een grondige visitatie en hij stuurt daarvoor twee afgevaardigden. Van 25 tot 30 maart 1952 luisteren dom Thomas Gondal, de procurator-generaal van de orde en dom Marie-Francis Decroix, de abt van de Italiaanse abdij *Nostra Signora del santissimo Sacramento* (Frattocchie) naar wat de jonge, en nogal verdeelde gemeenschap te vertellen heeft.

Die 'jeugdcrisis' is vooral van belang omdat we hierin een spoor vinden van een nauwkeurige balans van de toestand van de gemeenschap. Afgezien van de problemen kent Tibhirine op dat ogenblik zijn grootste uitbreiding. Moeilijke tijden staan voor de deur. Wat stellen de visitatoren vast? Ze zien een jonge communiteit, bestaande uit een dertigtal monniken en acht lekenbroeders, onder wie frère Luc. Novicen zijn er echter niet. De oorlogsjaren hebben de monastieke organisatie van Tibhirine geen deugd gedaan en de 'audit' constateert dat de stilte niet angstvallig wordt onderhouden. Door de indeling van het domein is het kloostergedeelte niet echt afgebakend, en er moet een hekwerk met prikkeldraad worden geplaatst om te verhinderen dat de dorpsbewoners dwars door de abdij hun weg vervolgen. Het werk op de hoeve met haar meer dan driehonderdvierenzeventig hectaren heeft tot gevolg dat een veertigtal arbeiders overal rondlopen en vaak in contact komen met de monniken. Een centrale vraag betreft ook de schuldenlast van de abdij: 'Het is inderdaad onder nogal donkere wolken dat het huidige abbatiaat van start ging, want bij de reeds bestaande problemen komt nu ook nog een moeilijke materiële toestand die menigeen beangstigt,' zo luidt het in de samenvatting van de visitatie. Het rapport vervolgt: 'Er zal moed nodig zijn en enig geduld (...) maar u zal zich steeds meer moeten bekommeren met dat wat per slot van rekening het enige noodzakelijke is: namelijk het Godzoeken, wat de essentie zelf is van onze prachtige roeping, zoals onze heilige vader Benedictus die bepaalt: "Zoek eerst het Rijk Gods, en al het overige zal u daarbovenop gegeven worden". U heeft niet het recht om daaraan te twijfelen.'

De beleidsmensen van de orde brengen het essentiële in herinnering en onderzoeken ook de rekeningen van de jonge communiteit. De balans blijkt deficitair, want er is veel geïnvesteerd in het aanpassen van de gebouwen of het uitbreiden van de plantages. Maar de vruchten van die werkzaamheden zijn nog niet te zien. Aiguebelle, de moederabdij, heeft wel al gezorgd voor een forse steun - er is zowat elf miljoen Franse frank gestort - maar de schulden van de abdij bedragen nog altijd zo'n tien miljoen frank. De toestand is minder dramatisch dan het lijkt, want in de kelders is de jongste druivenoogst opgeslagen en die zou wel een vijf miljoen frank kunnen opleveren. Als de abdij er dan nog zou in slagen nieuwe wijnstokken aan te planten, zou het deficit normaal wel binnen een tiental jaar kunnen weggewerkt worden.

Materiële zorgen dus, maar er is vooral ook wrevel onder de broeders in de gemeenschap. 'Niet als losstaande individuën, maar groepsgewijs gaan wij naar God, als één lichaam, in gemeenschap:

Christus leidt de leden van eenzelfde klooster met z'n allen, allen samen, naar het eeuwige leven. Wij kunnen uit verschillende streken afkomstig zijn, we kunnen verschillende opleidingen gekregen hebben, misschien verschillen onze opvattingen over het monastieke leven zelfs enigszins van elkaar, maar dat alles speelt geen rol (...) Christus heeft ons allen samengebracht omdat Hij ons bemint en het doel van zijn liefde is ons om te vormen tot één enkel lichaam en één enkele ziel. Die liefde voor de gemeenschap, die versmelting van allen in de gemeenschap, behoort derhalve tot de kern van onze roeping,' aldus de visitatoren. Ze beseffen goed voor welke uitdaging deze groep staat, maar ook dat die uitdaging zich niet alleen voor Tibhirine stelt. Daarom roepen ze op tot geduld: 'Zoveel moet men van elkaar verdragen wanneer men in gemeenschap leeft'.

Ongetwijfeld kunnen de discussies in de schoot van een kloostergemeenschap hoog oplaaien. Dan wordt het moeilijk en pijnlijk voor iedereen. Het verslag toont zich ongerust over mogelijke ontsporingen: 'Wat een schandaal zou het niet veroorzaken bij de inlandse bevolking als die zou merken dat er verdeeldheid is onder u en dat de een kritiek heeft op de ander!' Zeker, leven in gemeenschap is helemaal niet zo evident. Maar in die jaren vijftig gaat het niet om een opstoot van humeurigheid binnen het klooster van Tibhirine, dat nog heel wat andere beproevingen zal meemaken. Het gaat om de toekomst zelf van de abdij. De reguliere visitatie, die een enigszins plechtig en zelfs dramatisch accent kreeg in maart 1952, eindigt in een klimaat van hernieuwd vertrouwen en ongetwijfeld ook van een hernieuwde hechting aan de Atlasabdij. 'De visitatoren moesten de opheffing van de abdij niet onderzoeken (het zou belachelijk geweest zijn dat te doen), maar ze verklaren dat het een schandaal zou zijn als men na Staouéli nu ook de Atlasabdij zou sluiten.' Er zullen nog heel wat andere stormen te doorstaan zijn.

Wat vond frère Luc van die strubbelingen in de gemeenschap? Het is niet gemakkelijk om zich daarvan een idee te vormen: hij legde sowieso een soort gereserveerdheid aan de dag tegenover die algemene commotie. hij had als lekenbroeder geen toegang tot de kapittelvergaderingen, tenzij op uitdrukkelijke vraag van de abt. En zijn leven lang hield hij zich graag ver van dergelijke debatten. Wel maakte hij zonder tegenpruttelen zijn opvatting kenbaar wanneer daar later om gevraagd werd, met name door Christian de Chergé. Maar in de jaren vijftig heeft hij nog niet de reputatie een 'wijze' te zijn, die voor de communiteit van Tibhirine later zo kostbaar zal zijn.

De visitatie door dom Francis en dom Thomas betrof blijkbaar niet speciaal de activiteiten van frère Luc. Het dispensarium wordt zelfs niet eens vermeld in het verslag. Alleen wordt in de lijst van de broeders bij de naam van frère Luc vermeld dat hij een "dokter in de geneeskunde" is. Voor het overige weet men dat de consultaties op dat moment al talrijk zijn en dat frère Luc geen werk tekort heeft, maar het feit dat er verder niets staat, doet ons vermoeden dat het werk van frère Luc niet als een probleem werd beschouwd.

HOOFDSTUK 4

Zorg dragen voor mensen

Twee jaar eerder, op 15 augustus 1949, werd frère Luc plechtig geprofest. Hij was de eerste lekenbroeder die zijn geloften in deze communiteit van *Notre-Dame de l'Atlas* uitsprak. 'Het is een gelukkig toeval dat deze professie samenvalt met het feest van de Tenhemelopneming van Maria,' zegt dom Bernard die dag. 'De verdienste van frère Luc is meer dan gewoon, want in plaats van religieuze geloften af te leggen, had hij rijk kunnnen zijn, bemind, vrij om overal te gaan en staan in de hele wereld.' Daarna krijgt de jonge lekenbroeder het woord en leest hij de verklaring van zijn geloften voor. Net zoals ten tijde van zijn eerste geloften in Aiguebelle, wordt zijn stem gekenmerkt door ingehouden emotie. Niemand van zijn familie is aanwezig. Vastberaden en vrij sluit hij zich aan bij zijn nieuwe monastieke familie.

Terwijl de communiteit nog aan het zoeken is naar evenwicht, heeft de dokter-monnik al spoedig het ritme van het dispensarium beet. Met grote ernst gaat frère Luc door met zijn werk. Hij behandelt niet alleen de patiënten, maar analyseert ook concreet in welke omstandigheden de mensen uit de omgeving leven. Naast zijn consultaties zet hij een aantal onderzoeken op naar de gezondheidstoestand van de bevolking. Binnen enkele jaren verwerft hij een uitstekend inzicht in de menselijke realiteit, niet alleen in het algemeen maar ook op vlak van gezondheid, sociale relaties, familiale situaties en religieuze opvattingen. Een lezing die frère Luc op 19 maart 1953 houdt op een vergadering van de Sint-Lucasvereniging voor Geneesheren, bewijst dit. Het is een document van negentien pagina's, dicht opeen getypt en voorzien van talrijke voetnoten. De dokter heeft daarin vele medische vaststellingen opgelijst en presenteert tegelijk ook een scherpe analyse van de islam. Reeds in die eerste jaren heeft hij een heel precieze opvatting over de zin van 'de aanwezigheid van de Kerk in het moslimgebied'. Achter de expliciete titel van zijn toespraak 'Medisch-sociale en religieuze aspecten betreffende de landarbeiders en hun families in de regio Tibhirine', ligt een heel parcours uitgestippeld voor een mens die, daar valt niet aan te twijfelen, van deze bevolking houdt en die deze mensen ook onvermoeibaar zal blijven verzorgen.

De dokter laat zijn confraters allereerst de realiteit zien van zijn consultaties. Die houdt hij in een bescheiden gebouwtje, dat pompeus 'het dispensarium' wordt genoemd en dat toegewijd is aan de Maagd Maria, die in dit geval betekenisvol aangeroepen wordt als Onze-Lieve-Vrouw van Meskin, wat betekent 'de Maagd der armen'. Daarna beschrijft hij zijn praxis en wat zijn indrukken daarbij zijn. Verder geeft hij toe dat het gesprek met de patiënten eerder moeizaam verloopt, en dat de inlichtingen die men hem geeft, soms nogal vaag blijven. 'Op mijn vraag: waar voel je je ziek?' zo vertelt frère Luc, 'krijg ik vaak als antwoord: "overal"; en als de dokter, om de zieke wat tegemoet te komen, een of ander lichaamsdeel opnoemt, beweert die telkens dat het daar pijn doet.' Daarom maakt frère Luc zich maar gauw de meest gebruikte uitdrukkingen eigen waarvan de nomaden zich bedienen. Zo komt hij beter te weten waarom men op raadpleging komt. Hij ontdekt ook hoe de bezoeken in eerste instantie verband houden met sociale situaties. Hij citeert bijvoorbeeld het geval van een werkeloze die zich op de raadpleging aandient: 'Nadat ik hem had onderzocht en niets had gevonden, hoorde ik hem fluisteren: "Ik heb honger". Uit schaamte had hij voorgewend ziek te zijn.'

De ongerustheid van frère Luc over het lot van de vrouw in de moslimsamenleving blijft in zijn werk constant aanwezig. Al die jaren verzorgt hij de vrouwen die op consultatie komen en hij verliest daarbij nooit de vruchtbaarheidsproblemen van de pasgehuwde vrouwen uit het oog, noch de zware last die de vele geboorten voor vrouwen met kinderrijke gezinnen betekenen of de sociale druk die op hen weegt. Dàt zijn de redenen die hen naar de dokter doen gaan, omdat ze dan eindelijk de kans krijgen om eens buiten te komen en over hun zorgen te vertellen. Hoewel die vrouwen altijd bijzonder beschroomd blijven, nemen ze toch de celibataire monnik in vertrouwen. Lang voordat de dichter Louis Aragon in *Le fou d'Elsa* (1963) verklaarde dat 'de vrouw de toekomst is van de mensheid', is frère Luc daar al van overtuigd. In die ontmoeting met de Algerijnse dokters in 1953 stelt hij immers: 'De vrouw zal ons veel hulp bieden. Ik wil hier de hoop uitspreken die ik koester ten aanzien van de vrouw, want het is me duidelijk geworden dat zij heel wat hoger staat dan de man. De islam heeft slechts het gezicht van de vrouw weggestopt achter een sluier, maar zonder diep door te dringen tot haar bewustzijn en zonder haar aanvoelen te beïnvloeden. De gedachten van de vrouw zijn heel menselijk gebleven en willen niets liever dan zich als levengevend water verspreiden in het milieu waarin ze leeft. Er moet dus ofwel bij de mannen ofwel bij de vrouwen gewerkt worden aan die verheffing van de vrouw.'

Hoewel de monnik soms wat geprikkeld reageert op de alomtegenwoordigheid van al die moeders die 'wat afkletsen' terwijl ze hun beurt afwachten in het dispensarium, beleeft hij toch heel waardevolle en ontroerende momenten. Meestal bewaart hij daarover het stilzwijgen, maar hier, op deze ontmoeting onder collega's, spreekt hij er wel over. 'Met ontroering herinner ik mij die vrouw van wie ik tevergeefs de enige zoon had proberen te redden. Enige tijd na de dood van het kind kwam ze terug naar het dispensarium om mij zes eieren te brengen die ze in een lap stof had gewikkeld. Ik was mij er goed van bewust dat het verdriet van die moeder bijzonder groot was. Haar smartelijke blik getuigde daar nog meer van dan haar tranen Dat zij ondanks al haar verdriet toch dit gebaar had bedacht, toonde hoe fijnbesnaard van inborst ze wel was.'

Voor frère Luc kon zijn medische activiteit niet losgekoppeld worden van zijn religieuze roeping en van een bepaald soort dialoog met de islam, of in ieder geval moest toch met die godsdienst rekening worden gehouden. 'In de islam staat het godsdienstige in nauwe verbinding met het maatschappelijke. Je kent de zieken dus maar half wanneer je geen aandacht geeft aan hun godsdienstige opvattingen. Ik doe dat overigens graag omdat ik door mijn toewijding aan God nog meer bekommerd ben om het welzijn van de ziel dan om het lichamelijke welzijn,' aldus frère Luc tot zijn confraters. Wat verder zegt hij: 'Het doel van het dispensarium is niet zozeer het beoefenen van liefdadigheid voor het lichaam en medisch maximaal efficiënt te zijn. Het is eerder een uiting van liefde ten aanzien van arme en ongelukkige mensen vanuit een echte vriendschap.' Daarmee is de roeping van frère Luc ook uitgezegd: een onvoorwaardelijke liefde voor het moslimvolk, zonder berekening of terughoudendheid, maar ook niet al te naïef. Dat blijkt uit wat frère Luc al op 19 mei 1953 vertrouwelijk meedeelt, op het moment dat de oproer in Algerije nog maar net de kop opsteekt. Drieënveertig jaar voor de ontvoering die hem het leven zal kosten, zegt hij al: 'Ik maak me geen enkele illusie, als er opnieuw onlusten uitbreken in de regio rond Tibhirine, dan zal ons laatste uur geslagen zijn en wordt van ons het ultieme getuigenis gevraagd.'

Maar waarom wil je dan leven 'in het land van de islam?' Frère Luc herinnert aan het evangelische aanvoelen dat men ergens kan zijn zonder winstmotief of eigenbelang, gewoon gratuiet. 'Wellicht zal het nodig zijn om nog geruime tijd en resoluut niet bang te zijn voor de heroïsche inspanning om lief te hebben 'voor twee', want die liefde is aan ons, christenen, toevertrouwd. Wij van onze kant, moeten volharden in het beminnen, met een belangeloze en bovennatuurlijke liefde.' Dat brengt de dokter dan weer bij het mysterie van het Bezoek (van Maria aan haar nicht Elisabeth nvdr), een spiritueel thema ontleend aan Charles de Foucauld. Dertig jaar later zal Christian de Chergé, de prior van Tibhirine, dat thema hernemen en uitdiepen: 'De heilige Maagd Maria, heeft, hoewel ze de Moeder van God was, zich nooit laten voorstaan op die titel en is met spoed naar haar nicht Elisabeth gereisd om haar zowel materieel te helpen met het werk van haar handen, als de spirituele hulp aan te bieden van diegene die in haar het licht was van de wereld.'

Frère Luc had zeker de Koran gelezen. 'Maar in tegenstelling tot Christian,' zo vertelt frère Jean-Pierre jaren nadien, 'is het niet daardoor dat hij zich geroepen voelde om de moslims tegemoet te komen. Het kwam door het contact met de mensen, door hen te ontmoeten in het concrete leven van alledag, door hun lot te delen in alles wat het land meemaakte. Qua levenswijze en manier van zich te kleden, was hij zoals zij. Als lekenbroeder leek hij qua kledij op een sjeik of een soefi, en hetzelfde kan gezegd worden van zijn baard (...) En toch, na vijftig jaar in Algerije te hebben geleefd, gaf hij toe dat hij de moslims nog steeds niet echt kende.'[3]

De communiteit was zich bewust van de speciale rol die frère Luc in het klooster vervulde. De kroniek van 1953 vermeldt niet alleen de plaats die het dispensarium al had ingenomen, maar heeft het ook over de dokter: 'In het dispensarium wordt onze medebroeder Luc letterlijk overstelpt door mannelijke en vrouwelijke Arabische patiënten. Bovendien heeft hij het extra druk doordat hij nu al vijf jaar met een verlamde medebroeder opgescheept zit voor wie hij dokter, verpleger en moeder speelt. Maar dat alles heeft hem niet verhinderd voor de Sint-Lucasvereniging van Geneesheren van Algiers een toespraak te houden over de sociale, religieuze en medische situatie van de inheemse bevolking. Die collega's waren in de wolken en hebben hem gevraagd om een impressie over zijn werk op papier te stellen.' De zieke medebroeder van wie hoger sprake, is niemand anders dan père Fortunat, een *ancien* uit het klooster van Joegoslavië, die al in 1936 in Algerije was aangekomen. Hij overlijdt in 1955 nadat hij tien jaar bedlegerig was en met geduld door frère Luc werd verpleegd.

Frère Luc was bescheiden maar toch sterk aanwezig in een communiteit die zich soms wel vragen stelde over de zin van haar aanwezigheid en van het dispensarium. Al vrij vlug leerde hij zo de realiteit van het land kennen. Terecht vroegen zijn Algerijnse confraters hem dus om de toestand te analyseren. Voor een keer liet hij zijn grote nederigheid varen en ging hij in op de vraag om een getuigenis te geven. Maar hij deelde niet slechts wat hij aan kennis had verworven. Hij deelde ook zijn manier om dit volk, naar wie hij gezonden was, lief te hebben. Missionaire ambitie was hem vreemd, maar door mensen te verzorgen wilde hij wel Gods liefde laten voelen. Hij stond weigerachtig tegenover grote persoonlijke geloofsbelijdenissen, maar tegelijk liet hij in die mooie interventie duidelijk zien wie hij was - en waar christenen voor staan. Tussen de regels door kwam ook naar boven hoe hij in bewondering stond voor deze uithoek van de wereld: 'Van de toppen van de bergen, alleen bebost met groene eiken, stromen in de winter wilde beekjes naar beneden, waarvan men pas in de lente ziet dat ze er geweest zijn omdat er massa's rode laurier in bloei staan. (...) Eind januari zijn enkele bloeiende amandelbomen evenveel vrolijke en heldere toetsen die afsteken tegen het donkergroen van olijfbomen en groene eiken en ook tegen de veel lichtere kleuren van cactus en vijgcactus.' Zijn leven lang brachten de grandioze landschappen, de bergen van Tamesguida, de bergengtes van de Chiffa hem in vervoering.

In die tijd trekt frère Luc over de bergen, om medische hulp te brengen aan de vrouwen in de verste kampementen en hutten. Daarover brengt hij op 29 april 1954 opnieuw verslag uit aan een college van experten. Deze keer gaat het niet slechts om een medische vakgroep, maar om het secretariaat voor maatschappelijk werk van Algiers. Men heeft hem een uiteenzetting gevraagd over de 'voeding van de lagere klassen moslims in een bergstreek van de Atlas'. Een bijdrage die in de collectieve bundel *La lutte des Algériens contre la faim* (de strijd van de Algerijnse bevolking tegen de honger) gepubliceerd wordt. Frère Luc kiest zoals het jaar voordien ten overstaan van zijn confraters voor een rigoureus wetenschappelijke benadering, waarin hij dan af en toe een politieke of humane opmerking inlast. Basisculturen, loon van de landarbeiders, watervoorziening, culinaire gewoontes, evenwichtige voeding... niets ontsnapt aan de scherpe analyse van dokter Dochier. Hij steunt daarbij op de geschriften van Paul Nagaï, een arts uit Nagasaki die kort tevoren zijn waarnemingen gepubliceerd had: 'Wanneer een mens brood in overvloed kan hebben, moet hij zich geen zorgen maken en heeft hij de vrijheid om aan zijn ziel te denken. Heeft hij totaal niets te eten, dan denkt hij ook aan zijn ziel, omdat hij zich oog in oog met de dood bevindt. Maar geef je iemand net iets minder dan het minimum dat hij nodig heeft, en zorg je zo dat hij uitgehongerd blijft, dan zal hij met niets anders bezig zijn dan met brood. Zijn geest zal van de morgen tot de avond met dat probleem bezig zijn.'[4]

HOOFDSTUK 5

Op weg naar onafhankelijkheid

'Hij houdt een dispensarium open en iedere dag trekt alle miserie van de bergstreek aan hem voorbij: tot honderd mensen komen er soms op één dag voor een raadpleging. Een opschrift in het Arabisch heet hen welkom: "Moge Allah je zegenen!" En op de muur wordt frère Luc - in het Latijn - herinnerd aan de regel van Benedictus: "Heb eerbied voor de mensen... geef kleren aan wie er geen heeft... lenig het lijden." De broeder geneest het lichaam, maar ook de ziel. Welke vertrouwelijke gedachten worden er niet uitgewisseld tussen het aanleggen van twee verbanden door!' De priester en auteur Jean Toulat, die tijdens de oorlog weerstander was, heeft zich nog niet geëngageerd in pacifisme en geweldloosheid. Maar zijn bezoek aan Tibhirine wordt een overrompelende ervaring: hij ontdekt een gemeenschap en een plaats die beginnen mee te tellen in de Kerk van Algerije. 'Monniken doen stichtingswerk in Afrika,' vertelt hij in de editie van 19 september 1954 van het weekblad *Le Semeur Hebdo* uit de Auvergne: 'Geen apostolaatswerk, geen zieltjeswinnerij. De uitstraling van Tibhirine laat zich nochtans gevoelen in de bergen van de Atlas. Zoals Tamanrasset in de dagen van Charles de Foucauld de hele Hoggar liet oplichten.' En het portret van frère Luc krijgt een ereplaats in het verslag van de reis die plaatsvond terwijl het vuur al smeulde. In de verte is de Algerijnse onafhankelijkheidsoorlog al in aantocht.

De journalist doorziet niet heel goed de moeilijkheden die de communiteit zou kunnen ondervinden en de situatie zelf wordt er zeker niet beter op. Er zijn nog altijd pijnpunten die het gemeenschapsleven bemoeilijken en waarvan de broeders blijkbaar maar niet loskomen. De externe politieke spanningen worden tot in het klooster voelbaar en gaan het leven van de contemplatieven dooreenschudden. De fragiliteit uit de beginjaren van Tibhirine, toen daar heel verschillende monniken - met ook sterk verschillende monastieke projecten - samenkwamen, blijft in de jaren vijftig nog steeds voelbaar. Moeilijk weg te werken zijn ook de daaruit voortvloeiende crisissen binnen de communiteit. Bij zoverre dat dom Sortais, de generaal-abt, zijn ongerustheid uitspreekt ten overstaan van monseigneur Léon-Etienne Duval, die zich tot op het laatst bijzonder gehecht toonde aan de monastieke aanwezigheid in Tibhirine. Bij zijn aantreden als aartsbisschop van Algiers in 1954 is monseigneur Duval nog maar 51 jaar oud (paus Paulus VI zal hem op 22 februari 1965 de kardinaalshoed verlenen). In 1958 - wanneer de toekomst van Algerije nog helemaal niet vastligt - lijkt het klooster bedreigd. 'Het gaat al een hele tijd niet goed met de communiteit in de Atlas,' zo schrijft dom Sortais op 17 oktober 1958 aan monseigneur Duval. 'Het zal niet genoeg zijn vier of vijf monniken naar dat klooster te sturen, het zouden er meteen een dozijn moeten zijn, en bovendien goede monniken. Tegelijk zou een bepaald aantal monniken die er nu zijn, moeten teruggetrokken worden. Naar mijn oordeel zouden dat er minstens zes moeten zijn. (...) Was de communiteit van de Atlas in Frankrijk gevestigd, dan hadden we het klooster al gesloten; maar omdat het in Algerije ligt, valt dit om meerdere redenen evident uit te sluiten.'

Vanaf 1954 en na de oprichting van het *Front de libération nationale* (FLN) nemen de betogingen en het geweld hand over hand toe. Pas rond 1956 krijgt ook de Atlas ermee te maken, maar de opstand smeult in de as. Toch komen er al enkele kleinere botsingen voor. 'De belangrijkste gebeurtenis van dit jaar was de komst van de generaal-abt,' zo stelt de abdijkroniek van 1956. Onze regio maakte toen voor het eerst kennis met een golf van terrorisme. Net voor zijn afreis doodden de *fellaga's* drie gendarmes in de beruchte bergengte van de Chiffa. De generaal-abt en onze vader abt, die hem vergezelde, moesten dan in konvooi en onder begeleiding van tanks door die bergengtes. Sindsdien lijkt de rust teruggekeerd en de vreedzame mensen van het gebied betuigen ons dankbaar hun trouw. Zelfs een vakantiekolonie uit Algiers, een honderdtal kinderen, allen moslim en begeleid door zeer hoffelijke moslims, heeft ons gevraagd om dicht bij het klooster te mogen kamperen. Ze waren tevreden dat ze een goede maand bij de witte *maraboets* mochten doorbrengen en dankten ons met een blije en geruststellende oprechtheid.'

Het zijn vrij kalme jaren voor de monniken, die zoals de monastieke regel het voorschrijft, nauwelijks contact hebben met de lokale bevolking, behalve voor de arbeid op het land en in het dispensarium. De communiteit blijft tamelijk stabiel. Toch komen onder de monniken nogal wat wrijvingen voor. Zozeer zelfs dat abt Jean-Marie Fricker erover praat met de generaal-abt: 'De duivel zit onze kleine communiteit hardnekkig op de huid: zou dat een voorteken zijn van het goede dat onze gemeenschap op een dag zal doen in dit land?'[5] Een paar broeders blijven het broederlijk samenleven verstoren, zodat, aldus een andere monnik, frère Luc een ongenadige diagnose zou gesteld hebben: 'Dit klooster is een huis van abnormalen!'[6] Op zich lijkt het niet onmogelijk dat de dokter, die wel vaker cynisch uit de hoek kwam, het zo geformuleerd heeft, want hij provoceerde graag. In elk geval toont het aan dat het samenleven in Tibhirine niet altijd perfect liep. Er meldden zich ook maar weinig roepingen uit

Frankrijk en drie of vier novicen waren eerst voor opleiding naar Aiguebelle gestuurd.

Het is de dokter nog niet helemaal duidelijk wat zijn plaats is in de communiteit. In een brief van 28 maart 1952 maakt frère Luc aan generaal-abt dom Sortais zijn verlangen bekend om koormonnik te worden en later priester. Hij aanvaardt dat men hem eventueel voor een tijd naar een seminarie zou zenden om die priesterwijding voor te bereiden. 'Bij mijn intrede in het klooster van *Notre-Dame d'Aiguebelle* in december 1941 had ik de intentie mij aan God toe te wijden door alleen religieuze geloften af te leggen, zonder priester te worden,' zo legt frère Luc uit aan de generaal-abt. 'Maar vandaag laat de roeping tot het priesterschap zich in mij horen (...) Ongetwijfeld zal u wanneer u dit leest denken dat u te maken heeft met een besluiteloze die niet goed weet wat hij nu eigenlijk wil. Maar mijn aarzelingen zijn te verklaren vanuit de trage groei van de genade in mij, vanuit mijn immense eerbied voor het priesterwerk en mijn vrees om ontrouw te worden aan Gods roepstem.'

Van het antwoord treffen we echter geen enkel spoor aan. Klopte hij met zijn vraag aan een gesloten poort aan? Of werd hem toch een duidelijke weigering betekend? Het plan komt alleszins later nooit meer ter sprake: voor frère Luc is die vraag om het statuut van lekenbroeder op te geven, voortaan een afgedane zaak. Hij zal het lekenbroeder zijn trouwens tot het laatst altijd voor zich blijven opeisen.

In 1956 is het de beurt aan het gebied bij Médéa om vuur te vatten, wat leidt tot grote ongerustheid bij de oversten van de orde. Maar frère Amédée, die op dat ogenblik subprior is, haast zich om de angst bij dom Sortais weg te nemen. 'Er zijn inderdaad onlusten in de streek, maar de moslimbevolking behoudt haar vertrouwen in de monniken en toont haar genegenheid, terwijl frère Luc onverdroten evenveel consultaties houdt als voorheen,' schrijft hij op 18 juni 1957[7]. Nog in 1956 schrijft Georges M. Schenk, die correspondent is voor het dagblad *Le Monde*, vanuit Algiers een artikel waarin hij lucht geeft aan zijn bezorgdheid voor de veiligheid van de monniken: 'Vader abt heeft mij gezegd dat de moslims die hier (= in Tibhirine) werken u graag hebben en dat u hen graag heeft. Hoe heeft u het voor mekaar gekregen om die positieve gevoelens in uw omgeving te behouden, nu zoveel moslims ons niet langer kunnen luchten?' Frère Amédée antwoordt daarop: 'Vooreerst ligt aan die positieve gevoelens de eerbied ten grondslag die iedere moslim (en ook ieder mens) heeft ten aanzien van een "man van God". Vergeet ook niet dat wij hier op het land met deze mensen samenwerken. We werken zij aan zij en verrichten dezelfde arbeid. Welnu, wij hebben veel gebedsdiensten en heel dikwijls zijn wij op het veld doende wanneer de abdijklok ons voor het officie oproept. Dan onderbreken we ons werk en knielen neer om de ritus te volbrengen, zonder ons voor de arbeiders te generen.'

De journalist toont zich getroffen door de keuze voor de armoede en stelt nog wat vragen over het werk van frère Luc in het dispensarium. Maar daarvoor is het blijkbaar geen goed moment. De dokter blijkt weinig toeschietelijk en is niet erg spraakzaam. Dat is althans wat uit het artikel naar voren komt: 'Ook hij is jong en zijn lange, magere gestalte is letterlijk mijlen ver bekend. Maar hij is mij iets té nederig,' merkt Georges Schenk op. 'Of de mensen mij graag zien?' bromt frère Luc, 'Weet je, hier zowel als elders zien mensen meestal diegene graag die hun pijn verlicht wanneer ze afzien. Maar ja, ik geloof inderdaad dat ze de monniken hier graag mogen.'

Een jaar later wil frère Amédée zich nog eens geruststellend tonen: 'Ondanks de onlusten die onze regio onrustig maken, blijft de moslimbevolking ons haar vertrouwen schenken. Ze vraagt onze morele bescherming tegen de wandaden van onze soldaten, die niet altijd een eer zijn voor ons leger. De nomaden stellen ook nog steeds vertrouwen in onze medebroeder Luc.' Het mag niet baten: de bevolking mag dan al bescherming zoeken in de schaduw van de abdij, toch wordt het conflict nog bitterder dan voorheen. De *fellaga's* worden steeds driester. Ze duiken nu ook 's nachts op en eisen medicamenten, die hun door de monniken worden geweigerd. Frère Luc verzorgt ieder die zich aandient. Hij gaat zelfs enkele dagen na elkaar de bergen in om een man met een kogelwonde te verzorgen. In die periode denkt men er trouwens aan de dokter gerechtelijk te vervolgen. Het militaire gerecht koestert het voornemen om een onderzoek in te leiden tegen frère Luc, aangezien hij 'in de loop van militaire operaties gekwetste *fellaga's* zou verzorgd hebben in naburige berggrotten die als geïmproviseerde hospitalen dienen (...)' Een straf van vijf tot tien jaar opsluiting hangt frère Luc boven het hoofd. Een sergeant van het legercontingent die met de zaak belast was, herinnert zich later: 'Ik vond het mijn morele plicht om er mijn oversten over aan te spreken en hen erop te wijzen dat frère Luc een monnik was die vrijwillig nu al minstens tien jaar de geneeskunde beoefende in een geïsoleerde en arme streek.'[8] De zaak wordt naar een hogere instantie verwezen, namelijk naar de rechtbank van Algiers. Onderhandelingen met monseigneur Duval leiden ertoe dat frère Luc geen proces krijgt: 'De geplande vervolgingen zouden niet plaats hebben als frère Luc zich ertoe verbindt om alleen in de abdij of in het dispensarium zijn zorgen te verstrekken en om zich niet langer te verplaatsen naar de hospitalen die in de grotten van de Midden-Atlas geïnstalleerd blijken.' Aan dat voorschrift zal frère Luc zich vanaf dan blijven houden, tot op het laatst.

Hoewel de spanning in de omgeving van het klooster toeneemt, willen de monniken zich niet laten inpalmen door het conflict, ook al ontsnappen zij niet aan het klimaat van geweld dat langzamerhand ook hen komt overvallen. Op 29 juni 1958 waarschuwt de abt van Tibhirine de generaal-abt, dom Sortais: 'Twee keer na elkaar hebben *fellaga's* ons een bericht gestuurd waarin ze ons hulp en bijstand vroegen onder de vorm van een belangrijke hoeveelheid medicamenten, die zij ons trouwens meteen wilden betalen. We hebben de boodschappers beleefd geantwoord dat wij onmogelijk op die vraag konden ingaan, omdat onze dokter slechts over 'staaltjes' beschikt die voor hen van geen enkel nut zouden zijn (...) Wij moeten absoluut neutraal blijven, we bidden tot de goede God voor iedereen, zonder onderscheid, en aangezien we te midden van de moslims wonen, trachten we op een heel bijzondere manier Gods zegen af te smeken over hen en over de arme mensen die naar ons toe komen.'

Begin juli 1958 komen er militairen om de hoeve te inspecteren: ze gooien een granaat om eventuele vrijheidsstrijders die zich verstopt zouden hebben, weg te jagen. Dat zet de schuur die vol met hooi zit, in de fik. De communiteit neemt dit incident op met wijsheid en enige praktische zin: 'De brand aan onze grote hooischuur, op betreurenswaardige wijze aangestoken tijdens een schermutseling vorig jaar, is geklasseerd als een geval van oorlogsschade, waardoor we ze nu al kunnen restaureren. Sindsdien gelukkig geen enkele last meer ondervonden,' zo noteert de kroniek van Tibhirine naderhand. Er worden zelfs nog enkele andere zaken vernoemd die een vooruitgang betekenen: 'Het herstellen van de hangar was de impuls om nu ook de werkzaamheden aan de pandgang te hernemen, waarvan de constructie sinds verscheidene jaren achterop was geraakt. De grote openingen lieten te gemakkelijk wind, regen en sneeuw door, wat onze dierbare oudere medebroeders menigmaal gevaarlijk deed uitglijden. Gracieuze Moorse arcades gesteund door getorste kolommetjes vormen thans de afwerking en getuigen van ons verlangen om in het lijdende Algerije te blijven, om door ons gebed de terugkeer tot de vrede te verhaasten, en om onze spirituele en sociale uitstraling voort te zetten bij de zo arme moslimbevolking die ons omringt.'

HOOFDSTUK 6

Traumatische ontvoering

Wat in juli 1959 voorvalt en het leven van de communiteit sterk tekent, lijkt wel een gruwelijke repetitie voor de aanvallen van Kerstmis 1993 en maart 1996. Het 'bezoek' dat de abdij in 1959 krijgt, is even verontrustend. Twee monniken - frère Matthieu en de dokter, frère Luc - worden meegenomen en weldra weer losgelaten. Maar de zaak had slecht kunnen aflopen. Omdat er twee rechtstreekse getuigen waren, zou men mogen verwachten dat er een omstandig verslag over het verloop van de feiten bestaat. Maar dat is niet het geval. Om twee redenen: frère Luc, dat zal later blijken, heeft sterk geleden onder die kidnapping en zal zich daarna beroepen op een haast totaal geheugenverlies. Liet zijn geheugen hem echt in de steek? Of kwam het hem goed uit dat hij ondermeer ten overstaan van de militaire autoriteiten geen details moest geven?

Hoe dan ook, de toch wel getraumatiseerde frère Luc heeft verder nooit veel losgelaten over die moeilijke dagen. De tweede moeilijkheid is de uiterste voorzichtigheid waarmee men meestal het best het getuigenis tegemoet treedt van iemand die met veel omhaal van woorden erop los babbelt. Zeven jaar na de kidnapping stelt frère Matthieu een verslag op dat zo gedetailleerd en lang is dat het haast een heel boek in beslag neemt. Het is een episch rapport, hagiografisch van toon en behoorlijk vleiend voor de schrijver. Met andere woorden: omzichtigheid is geboden, want de Italiaanse monnik heeft het blijkbaar nodig om met veel anekdotes aan te tonen hoeveel begrip hij wel kon opbrengen voor de gijzelnemers en hoe goed hij zelf kon bemiddelen. Zoals paus Johannes XXIII was frère Matthieu - Matteo Rotta - uit Bergamo afkomstig. Zijn neiging om zichzelf in de bloemetjes te zetten was niet nieuw voor zijn medebroeders. Na de ontvoering betoogde hij aldoor dat hij gelast was met een onderhandelingsmissie tussen de *fellaga's* en de Heilige Stoel. En maar al te graag onderstreepte hij zijn rol in deze uiteindelijk toch maar banale episode in een tijd vol conflicten. Meer recent is er ook het getuigenis van Lakhdar Bourah, de voormalige militaire chef van de vrijheidsstrijders. Die getuigenverklaring werd na de moord op de monniken bij het dossier gevoegd. Het gewezen lid van het oppercommando hangt een bijzonder sympathiek beeld op van de rebellen: zij zouden haast tegen hun zin die gijzelingsactie ondernomen hebben en ook extra voorkomend geweest zijn ten aanzien van de gijzelaars. En die laatsten waren gaandeweg ook helemaal overtuigd geraakt van de zaak van de nationalisten.

Het weinige dat men ervan kan zeggen, is toch interessant, vooral in het licht van de latere aanvallen op de abdij *Notre-Dame de l'Atlas*. De gelijkenis tussen de gebeurtenissen moet bijzonder pijnlijk geweest zijn voor frère Luc. Alsof het lot hardnekkig steeds weer toeslaat. Met treurnis denken we aan de gijzeling in de nacht van 26 op 27 maart 1996, die na zesenvijftig dagen gevangenschap uitliep op het vermoorden van de monniken. Nog geen drie jaar voordien kreeg de abdij in de kerstnacht van 1993 ook een 'bezoek' dat gelukkig geen dramatische afloop kende. In de nacht van 1 op 2 juli 1959, wat voor de hervorming van de liturgische kalender de vigilie van het feest van Onze-Lieve-Vrouw Boodschap (Visitatie) was, klopten *fellaga's* aan de kloosterpoort aan, waar frère Amédée ze ontving. Zij wilden de verantwoordelijke van de abdij meenemen en nog twee monniken. Op kerstavond 1993 zullen de islamisten vragen om de 'paus' van de plaats te spreken.

Terug naar 1959: de communiteit is de completen aan het zingen. Vader abt verlaat de kerk om te onderhandelen met de Algerijnse rebellen. Hun eis is duidelijk: Si Brahim, de imam van Médéa, werd enkele dagen voordien door de Franse autoriteiten gearresteerd. De verantwoordelijke van de moslimgemeenschap had de jonge gelovigen aangemoedigd om de wapens op te nemen. Wat was er met hem gebeurd? De onafhankelijkheidsstrijders komen daarom drie religieuzen, onder wie de abt, ophalen als wisselmunt, eventueel zelfs als vergelding.

De abt, die al meer dan vijfenzeventig jaar oud is, voelt zich niet sterk genoeg om aan zulke expeditie deel te nemen. Weigert hij moedig en beslist? Drijft hij het zover dat hij de indringers provoceert door hun te suggereren hem maar ter plaatse neer te schieten? Frère Amédée die het allemaal zag gebeuren, herinnert het zich jaren later, als de gebeurtenissen vanaf 1993 haast een doorslag van toen lijken. 'Ik laat niemand achter,' zou dom Jean-Marie Fricker aan de verzetslieden geantwoord hebben. 'Maak me hier maar ter plekke af, ik vertrek niet.' Terwijl de oversten van het klooster met de aanvallers verder discussiëren, eindigt ondertussen het avondgebed van de monniken en begeven die zich ongerust naar de slaapzaal. Even later komt een aantal onder hen naar beneden om aan de discussie deel te nemen. Frère Matthieu legt frère Luc wijze en milde woorden in de mond: 'Eerwaarde vader, het heeft geen zin om te blijven aandringen. Ons leger heeft de imam van Médéa opgepakt en deze mannen hebben de formele opdracht gekregen om iemand van ons mee te nemen. Wanneer we met hen meegaan, bestaat de kans dat we terugkeren nadat we hun leiders hebben ontmoet. Maar als we hier blijven, dan bestaat het gevaar dat we dit met zijn allen niet overleven. Ziet u niet hoe opgewonden die kerels zijn?'

Men kan zich de spanning indenken. Frère Matthieu vertelt het allemaal met waar toneeltalent, en hij plaatst ook zichzelf voor het voetlicht: 'Ik stapte op de overste af en zei hem: "Geeft u mij de toelating om in uw plaats mee te gaan, eerwaarde vader?" De abt aarzelde, dacht een poos na en antwoordde mij toen: "Ja, akkoord".' Steeds volgens dit lange relaas meldt frère Luc zich eveneens als vrijwilliger om door de *fellaga's* ontvoerd te worden. Frère Amédée nuanceert van zijn kant enigszins het gebeurde. Hij zelf zou bij de overste aangedrongen hebben: 'Ze willen een tweede gijzelaar, wie gaat er mee? Frère Luc of ik?' Dom Jean-Marie bleef vastberaden: 'Niemand gaat mee.' Dan, na nog wat over en weer gepraat, neemt hij het besluit om twee monniken te laten vertrekken en zegt hij aan frère Amédée: 'Jij gaat niet,' waaruit afgeleid werd dat het dus frère Luc was die zich moest voorbereiden.

Frère Matthieu doet dan het verhaal van de tocht door het bergland, geflankeerd door de verzetslui. De moeite en de beproevingen loochent hij niet, maar hij benadrukt de vriendelijke houding van de kidnappers. Een gezondheidswandeling is het geenszins: het Franse leger zit hen achterna en ze moeten zich telkens weer verstoppen. Tussen twee verplaatsingen in betuigen de vrijheidsstrijders hun respect voor de dokter: 'Dokter, alle mensen van ons land zijn dankbaar voor al het goede dat gij gedaan hebt.' Van zijn kant brengt frère Matthieu de politiek ter sprake; hij erkent de legitimiteit van de aanspraken van de Algerijnen op zelfbestemming. En op het eind van zijn verhaal geeft hij toe dat de gijzeling ook een echte beproeving was, met name voor frère Luc, die last had van astma. De eerste nacht schuilt de groep in een diepe rotsspleet van een ravijn. Ze moeten het hol afdekken met stenen en al vlug wordt het er bijzonder benauwd. De warmte en het gebrek aan lucht veroorzaken een enorme astmacrisis. Frère Matthieu wijst de *fellaga's* terecht: 'Kijk hoe erg de arme dokter er aan toe is! Zijn gezicht helemaal vertrokken, zijn ogen zijn rood aangelopen en puilen uit, hij wordt helemaal blauw, en hij bibbert aldoor. Een beetje medelijden aub!' De schuilplaats wordt terug opengemaakt en de zieke krijgt weer wat frisse lucht.

Tien dagen duurt de gijzeling. Frère Matthieu maakt er een episch verhaal van, met vele verwikkelingen. Frère Luc ziet af door de astma en de vermoeidheid, en al die verplaatsingen schijnen hem bijzonder moeilijk te vallen. Eindelijk worden ze vrijgelaten, ze dwalen maar wat rond tot het leger hen kort daarna vindt en onder zijn hoede neemt. Omdat de gezondheidstoestand van frère Luc zorgwekkend is, wordt hij vlug per helikopter overgebracht naar het Maillotziekenhuis van Algiers. Een tiental dagen later is hij weer opgeknapt en keert hij naar de communiteit terug. Het klinisch verslag vermeldt de gijzeling en neemt akte van de vermoeidheid van de patiënt: 'Frère Luc is erg zwak en ook zijn mentale toestand laat veel te wensen over. Hij ijlt af en toe, heeft last van visuele hallucinaties en desoriëntatie. Depressieve toestand, reactief melancholische structuur. Zestig dagen rust nodig onder medische supervisie.' Commandant-dokter Albertini, neuropsychiater van het militair hospitaal van Algiers, geeft frère Luc in september 1959 het medisch attest mee, zodat hij naar Frankrijk kan terugkeren en rust nemen.

De hele communiteit is ernstig geschokt door die gijzeling, getuige de kroniek die in 1959 aan de andere abdijen wordt toegezonden: 'Wij willen allereerst alle communiteiten van de orde danken die door hun broederlijk gebed zich met ons hebben verenigd tijdens de grote beproeving van juli 1959: de gijzeling van twee van ons. De kranten en de radio hebben er bijna te veel over gesproken, soms naar waarheid, soms minder.' Frère Luc, die in shock is en ziek, moet rusten, terwijl zijn collega-gijzelaar zich veel spraakzamer toont en haast gewonnen lijkt voor de Algerijnse zaak. Frère Luc verblijft eerst een paar dagen in El Biar, een voorstad van Algiers, bij zusters. Maar eigenlijk voldoet dat nauwelijks. De monnik is niet alleen fysiek beproefd maar ook psychisch is hij heel diep gegaan. En meer nog: het geweld van het conflict heeft hem ook spiritueel dooreengeschud. Bovendien komen de militairen regelmatig naar het klooster om hun ondervraging voort te zetten en zo informatie over de gijzelnemers te verzamelen. Dom Jean-Marie Fricker houdt een duidelijke maar delicate lijn aan: zo objectief mogelijk antwoorden zonder partij te kiezen. Voor de ex-gijzelaars ligt dat nog moeilijker. Het dispensarium is gesloten sinds februari omdat de werking ervan zo bemoeilijkt werd door de gebeurtenissen, en dus houdt niets de dokter tegen om naar Frankrijk terug te reizen en aan te sterken. 'Op zeer formele aanbeveling van de commandant-dokter die onze frère Luc in het Maillotziekenhuis heeft verzorgd, heb ik hem een tijdje teruggestuurd naar zijn familie en naar Aiguebelle, waar hij zich op dit moment moet bevinden,' zo schrijft de abt van Tibhirine aan de generaal-abt op 25 oktobr 1959. 'Over een paar maanden kan hij naar ons terug om ons weer te stichten met zijn bovennatuurlijke caritas.'

In de loop van oktober trekt hij dus ver weg van het Atlasgebergte, maar voor Kerstmis is hij al terug en wordt hij door zijn overste verwelkomd: 'Onze broeder Luc is opnieuw onder ons, gelukkig dat hij zijn apostolaat van de caritas opnieuw kan beoefenen'.

Voor de communiteit van Tibhirine worden de jaren 1959 tot 1962 een periode van grote beproeving. Elke dag is de onafhankelijkheidsoorlog in ieders gedachten. Het conflict wacht aan de poort van het klooster. Tussen 1993 en 1996 zal in de gemeenschap een echte *communio* groeien. Maar nu is dit niet het geval: in het begin van de jaren zestig wordt het broederlijk samenleven doorkruist door spanningen en relationele moeilijkheden. Na zijn terugkomst van de gijzeling samen met frère Luc zou frère Matthieu op audiëntie zijn geweest bij paus Johannes XXIII. Een audiëntie waarvan het bestaan door velen wordt betwijfeld. Sindsdien meent hij echter dat de paus hem met een diplomatieke missie heeft belast. De communiteit voelt zich ook kwetsbaar, want de nationalisten kunnen ieder moment een nieuw 'bezoek' brengen. Ondanks die druk worden de broeders opgeroepen om te leven vanuit hoop en verwachting. Dat is met name de teneur van de brief die dom Sortais, de generaal-abt , op 17 november 1959 schrijft aan de abt van Tibhirine: 'Zeg aan uw zonen dat ik hen aanspoor tot vurige ijver en speciaal tot christelijke naastenliefde. Meer nog dan elders moeten monniken in het door oorlog verscheurde Algerije getuigen van die liefde en een door christelijke naastenliefde geïnspireerd gebed hemelwaarts richten. Maar hoe kan dat als ze elkaar niet heel graag zien?'

In 1960 vervult de neef van frère Luc zijn militaire dienstplicht in Algerije. Als onderluitenant krijgt hij Algiers als standplaats, in de Mustaphakazerne. Maar de dokter vraagt Pierre Laurent hem niet in het klooster te komen opzoeken: 'Hij verbood me om hem in Tibhirine te zien, want hij vond de streek te gevaarlijk om er als militair alleen door te reizen.' Vrijwel iedere maand, van april tot oktober, zien de beide mannen elkaar daarom in Algiers. 'Meestal kwamen we op het middaguur samen in de buurt van de oude kathedraal en aten we wat uit het vuistje. Zijn speciale voorkeur ging naar *allumettes aux anchois*, een langwerpig bladerdeeggebakje met ansjovis dat in een bakkerij op het plein werd gekocht. Maar hij wou nooit mee op restaurant,' vertelt Pierre Laurent. 'We spraken vooral over de familie en over de situatie in Algerije. Die schatte hij trouwens bijzonder pessimistisch in.'

In barometertaal kun je de stemming van frère Luc dus geenszins met 'bestendig mooi weer' aanduiden. En de vraag of het klooster wel toekomst heeft, stelt hem zeker niet gerust. Het jaaroverzicht dat de gemeenschap in de kroniek van 1961 bekendmaakt aan de andere kloosters van de orde geeft de moeilijkheden duidelijk weer: 'Met aandrang bidden we tot Onze-Lieve-Vrouw van Afrika dat Algerije opnieuw in wederzijdse verstandhouding vrede mag kennen, en ondertussen gaat het klooster in stil gebed en kalmte door met gebedsleven en arbeid, en met naastenliefde uit te stralen naar de bevolking rondom ons. Voor de moslimbevolking in de omgeving wordt het nog veel belangrijker dat we met hulp van de *Secours Catholique* meel, levensmiddelen en kleren blijven uitdelen.'

Het Evianakkoord dat op 18 maart 1962 ondertekend wordt, laat het ergste vrezen voor de monniken van Tibhirine. De meningen zijn verdeeld. Sommigen zijn ervan overtuigd dat hun plaats dezelfde blijft als voorheen: te midden van de moslimbevolking. Anderen zien daarvan het nut niet in of zijn bekommerd om hun eigen veiligheid. Frère Luc behoort tot de groep van de zwartkijkers: wanneer hij kan meevliegen met een militair vliegtuig, vertrekt hij naar Frankrijk. Begin 1962 is hij in België, waar hij onderdak krijgt in de abdij van Orval. In de lente neemt dom Jean-Marie Fricker ontslag. Zowel door zijn functie als uit overtuiging stond hij dicht bij de Franse autoriteiten. Het is dom

Robert, een monnik die teruggekeerd is uit de abdij van Acey in de Jura, die overste wordt, zoals hij dat ook al was bij de stichting in 1938. Maar het uur is niet gunstig voor het grootse en mooie project: het klooster zelf wordt bedreigd!

De nieuwe overste velt overigens een hard oordeel over de Atlasabdij: 'gemiddelde leeftijd van de gemeenschap: 68 jaar; erfzonde: de twaalf stichters en de overste zijn tekortgeschoten; actueel probleem: het Rijk Gods is opgegeven; sinds jaren is er geen enkel nieuw boek over spiritualiteit of de christelijke leer meer binnengekomen. Er is wel veel inzet en toewijding, maar die is vastgelopen in het karrenspoor van de routine.' In mei 1962 klinkt het dagboek van de communiteit vrijwel even treurig: 'Dit klooster zou al opgeheven zijn, als het niet zijn missie moest vervullen te midden van de moslims, waar het tot het einde moet doorgaan. En dat einde zou bijvoorbeeld kunnen zijn dat de gemeenschap uitgeroeid wordt door een bom van een of andere fanatiekeling of het land uitgejaagd wordt door een xenofobe regering.'

De toekomst is somber: zal Tibhirine kunnen blijven bestaan?

Frère Matthieu en frère Luc met een dorpsbewoner in 1959, niet lang na hun ontvoering door het FLN.

1964: na de onafhankelijkheidsverklaring van Algerije in 1962, is de communiteit aanzienlijk verzwakt. Frère Luc is de enige die het habijt van lekenbroeder draagt.

HOOFDSTUK 7

De sluiting dreigt

Op 5 juli 1962 wordt Algerije onafhankelijk: een dag van grote vreugde. De monniken zijn niet bang. Frère Amédée gaat die dag zelfs naar Médéa om een paar spullen op te halen in de kerk. Te midden van een massa blije mannen en vrouwen die met FLN-vlaggen zwaaien, steekt hij in monnikspij het marktplein over. En hij krijgt daarbij geen verwijten naar het hoofd geslingerd en niemand loopt hem omver. Amédée draagt nu tijdens de afwezigheid van frère Luc de verantwoordelijkheid voor het dispensarium: opgeleid door de arts is hij in staat om even goed als een verpleger bepaalde zorgen te verstrekken. Ook blijft hij verantwoordelijk voor het opvolgen van de kinderen, in het kader van wat toen 'melkdistributie aan de zuigelingen' heette en weldra 'bescherming van moeder en kind' wordt. De berichten blijken eerder geruststellend en daarom beslist frère Luc eind 1962 terug te komen. Hij kan dan zijn werk bij de naburige bevolkingsgroepen hernemen.

De toekomst van het klooster is evenwel nog niet verzekerd. De abt van Aiguebelle, dom Ignace Gillet, uit zijn bezorgdheid daarover aan dom Robert, overste van Tibhirine, in zijn brief van 9 oktober 1962: 'Het is niet zonder angst dat ik op dit ogenblik aan jullie denk. Wat zal jullie toekomst worden? Ondanks alle smeekbeden van monseigneur (Duval) vraag ik me af of er zelfs maar één kans op honderd bestaat dat de abdij van de Atlas gered kan worden? Vanmorgen nog zei me een monnik van Aiguebelle die jullie goed kent: "Die oude mensen ginder laten, dat is toch niet menselijk!" Ook ik ben enigszins die mening toegedaan: wat moeten we doen?' Het fatalistische antwoord laat slechts enkele dagen op zich wachten en de overste van Tibhirine analyseert de toestand kurkdroog: 'Het is mogelijk dat de communiteit van *Notre-Dame de l'Atlas* opgeheven wordt tijdens het generaal kapittel van 1964 omdat er te weinig nieuwkomers zijn, wegens het kleine aantal monniken, de gemiddelde leeftijd van de gemeenschap (68 jaar) en de 'vrijgezellenmentaliteit' die slechts de formele buitenkant van het religieuze heeft bewaard, maar niet de inhoud.'

In zijn antwoord hierop bekijkt de abt van Aiguebelle de toestand nauwkeurig en tracht de communiteit te overtuigen: 'Jullie moeten de moed opbrengen om de feiten onder ogen te zien, ook als die pijnlijk zijn,' zo legt hij uit bij het einde van zijn bezoek in 1963. 'Ondanks de edelmoedigheid en de moed die jullie opbrengen om het officie te vieren, zullen jullie niet lang meer in staat zijn om het lastige en veeleisende leven van een cisterciënzer te leiden. Dat is alleen mogelijk als er een minimumbezetting aanwezig is en men echt trouw is aan de voorschriften. De kracht van meerderen onder jullie neemt steeds meer af. Ook hebben jullie mij vaak verteld hoe moe en afgemat je bent, zelfs bijna ontmoedigd.'

Om de Atlasabdij te redden, zou er versterking moeten komen uit andere kloosters, maar de orde gelooft er nauwelijks in. Met wat de abt van Aiguebelle en de overste van Tibhirine aanbrengen, moet dom Sortais wel de procedure opstarten voor het sluiten van de abdij. Maar die maatregel wordt krachtig bestreden door monseigneur Léon-Etienne Duval, een man die men wel al te gemakkelijk met de bijnaam 'Mohammed Duval' heeft opgezadeld, omdat hij gezien werd als een voorstander van de Algerijnse onafhankelijkheid. Dom Ignace moet hem zelfs in een brief aan dom Sortais een niet zeer broederlijke prik gegeven hebben: 'Ik word al die raadgevers die niets van de kwestie afweten, langzamerhand beu. Zou monseigneur Duval misschien liever een Algerijns klooster hebben waar men niet langer de mis viert, in afwachting dat de *muezzin* oproept tot het gebed? Men mag zich aan alles verwachten.'[9] Het probleem is complex: het gaat over de basisvoorwaarden die vervuld moeten zijn opdat een monastieke gemeenschap kan leven, waar ze ook moge gevestigd zijn. Maar evengoed staan de redenen ter discussie die de orde ertoe kunnen bewegen om zich met man en macht in te zetten om in een moslimgebied aanwezig te blijven.

En ten slotte: welk verband zou er kunnen zijn tussen de lokale Kerk en het (voort)bestaan van een klooster? Eigenlijk wordt de aartsbisschop van Algiers geboeid door dit land en hij gelooft met een ongewone vurigheid dat de aanwezigheid van christenen zin heeft, ook al zouden ze tot een klein aantal herleid zijn. Voor hem is het klooster van Tibhirine dan ook de 'long' van de Kerk van Algerije.

In een brief aan de Heilige Stoel houdt de aartsbisschop opnieuw een pleidooi voor het behouden van de monniken in Tibhirine: 'Als de trappisten zomaar zonder meer wegtrekken, dan wordt dit een zware klap voor de Kerk (...) Om hun naastenliefde, hun zelfverloochening en gebedsleven worden ze immers zozeer door de bevolking op handen gedragen dat de moslims geweldig zouden schrikken als ze weggingen; vorige winter vertelde de prefect van Médéa mij spontaan hoe hij de monniken bewonderde omdat ze gedurende de hele oorlog al wie gekwetst of ziek was zonder enig onderscheid zijn blijven verzorgen. Het dispensarium van het klooster blijft ook nu zijn werk van naastenliefde voortzetten. De noodzaak daarvan is evident bij een extreem armoedige bevolking (...) Het zomaar opgeven van die positie van de Kerk zou een catastrofe betekenen. Ik smeek de heilige Vader om ons te helpen dergelijk ongeluk af te wenden.'

Desondanks wordt de verhuis ondertussen toch voorbereid. Boeken en liturgische voorwerpen worden opgeslagen in containers die het leger naar Frankrijk overbrengt, naar Aiguebelle. In september volgt de repatriëring van vier monniken. De beslissing om het klooster te sluiten, is nog steeds niet bekrachtigd, maar niemand twijfelt nog dat het zal gebeuren. De trappisten en ook monseigneur Duval hopen dat Tibhirine door een andere orde wordt overgenomen. Verscheidene oplossingen worden onderzocht, zo doet men ondermeer een beroep op de benedictijnen van Tioumliline in Marokko, een abdij die in 1952 werd opgericht. Zou deze communiteit, die niet zoals de trappisten in Algerije dertig jaar geschiedenis achter de rug heeft, misschien de fakkel kunnen overnemen? De benedictijnen zijn er niet tegen, maar ze vragen twee jaar uitstel om de overbrenging op gang te kunnen brengen, of liever om te zorgen dat hun gemeenschap zich in die richting ontwikkelt. De cisterciënzers, die de zaak dringend achten, gaan daar niet op in. Maar de geschiedenis van Tioumliline en Tibhirine - altijd vol verbeeldingskracht – gaat verder: de benedictijnen zullen immers om allerlei redenen in 1968 Marokko verlaten en het is in hun klooster, in de buurt van de stad Azrou, dat Xavier Beauvois en zijn team in 2009 hun camera's opstellen om er de film *Des hommes et des dieux* te draaien, die de pijnlijke jaren van de Atlasabdij in kaart brengt.

In het begin van de jaren zestig worden de perspectieven van de abdij in Algerije steeds vager. Nog vier broeders leven in die grote kloostergebouwen. Het nieuwe bewind gaat over tot het inbeslagnemen van de landbouwgrond en het grootste deel van het grote kloosterdomein wordt daarmee afgenomen. Monseigneur Duval komt tussen beide bij Ben Bella, die de aartsbisschop de verzekering geeft dat de monniken een deel van hun terrein mogen behouden. Het eigendom zal van 374 hectare slinken tot slechts 17.

In Rome nemen de zaken een onverwachte wending. De brief van monseigneur Duval heeft in het Vaticaan blijkbaar een gevoelige snaar geraakt. Nochtans heeft de Vaticaanse congregatie voor de religieuzen wel begrip voor het standpunt van dom Sortais. Die overlijdt ondertussen op 13 november 1963. Hoe dan ook, de procedure loopt: op 13 december komt het antwoord van Rome: 'De sluiting van de abdij zou moeten vertraagd worden tot de aartsbisschop van Algiers andere religieuzen heeft gevonden. Het onmiddellijke vertrek van de monniken, die zeer geacht worden door de bevolking, zou schadelijk zijn voor de christenen die gebleven zijn.'[10] Na het overlijden van de generaal-abt wordt dom Ignace, de abt van Aiguebelle, tot hoofd van de trappistenorde gekozen. In Aiguebelle wordt hij dan weer opgevolgd door dom Jean de la Croix, die daarmee ook de opdracht krijgt om als *pater immediatus* van Tibhirine alle beslissingen te nemen die de toekomst aanbelangen. In april 1964 reist hij naar Algerije. Op de avond van zijn aankomst in Algiers ontmoet hij père Carmona, een diocesaan priester, die hem bewust maakt van het belang van het klooster voor de Kerk van Algerije.

Tijdens zijn verblijf in Tibhirine bestudeert hij met veel aandacht de toekomstkansen voor de communiteit. Dom Jean de la Croix ontmoet uiteraard ook monseigneur Duval en hij beslist, tegen de verwachtingen in, om Tibhirine te redden!

Hoe speelt hij dat klaar? Allereerst: hij houdt de kleine communiteit - die nu nog maar drie monniken telt - ter plaatse. Maar beter nog: hij reist naar de gemeenschap van Timadeuc (Morbihan) om daar versterking te zoeken. Aiguebelle zelf zendt op 26 oktober 1964 vier monniken. Die vervoegen zich bij de drie broeders die ondertussen al uit de abdij *Notre-Dame de Timadeuc* zijn overgekomen. Drie Bretoense monniken, onder wie frère Jean-Pierre, een van de twee monniken die in 1996 aan de ontvoering zullen ontkomen. Later, na Tibhirine dus, is diezelfde frère Jean-Pierre overgegaan naar de abdij van *Notre-Dame de l'Atlas* te Midelt, in Marokko. 'De woestijn zal opnieuw in bloei komen,' schrijft monseigneur Duval wanneer hij zijn dank betuigt aan de abt van Timadeuc. 'De woestijn is opnieuw in bloei': dat zijn ook de eerste woorden die hij uitspreekt wanneer hij op 29 oktober 1964 kennis maakt met de nieuwe communiteit die versterkt is vanuit Timadeuc en Aiguebelle. 'De bevolking die met een zeker verdriet had toegekeken hoe de Atlasabdij per vrachtwagen van het Franse leger verhuisd werd, heeft haar vreugde niet verborgen bij de aankomst van nieuwe paters,' zo vertellen de kronieken van de orde. 'De Europeanen en de christenen betuigen hun grote dankbaarheid en komen graag nieuwe krachten opdoen in het piepkleine gastenkwartier. Het spreekt voor zichzelf dat die verrijzenis van de Atlasabdij vurig gewenst was door de religieuze autoriteiten. Wat zal onze toekomst worden? Veel vragen kunnen opgeworpen worden: rekrutering, bestaansmiddelen, ... Maar maakt onzekerheid niet deel uit van armoede? Wat er ook van zij, *kima ihebb rebbi:* zoals God het wil'

De orde ziet het allemaal hoogstens als een vorm van uitstellen. Dom Ignace heeft er geen goed oog in. Op 2 juli 1964 schrijft hij aan de Congregatie van religieuzen: 'Feitelijk lijken mij de enkele religieuzen die naar de Atlasabdij overkomen, duidelijk niet in staat om een solide team te vormen dat de abdij met grote zekerheid zou kunnen laten herleven. (...) Het lijkt me in geweten niet mogelijk om op dit moment aan het klooster van *Notre-Dame de l'Atlas* het recht te verlenen om er een noviciaat op na te houden. Het roepingenprobleem blijft dus onverminderd ernstig en dat is net wat me beangstigt.'

Moe en moedeloos besluit frère Luc om naar Frankrijk terug te keren - 'na een uiterst vermoeiend jaar in het dispensarium,' aldus het dagboek van de communiteit. Dat is althans de officiële versie. Beslist hij om zich aan te sluiten bij de abdij *Notre-Dame des Neiges* in de Ardèche om daar zijn astma te verzorgen of wordt hij sterk aangemoedigd om niet meer naar Aiguebelle terug te komen? Alles wijst erop dat zijn oversten hem uit Tibhirine weg willen, en dit ten gevolge van een reguliere visitatie in het voorjaar van 1964. 'Niet uit eigen wil is hij in ons klooster *Notre-Dame des Neiges* komen wonen, maar als gevolg van een beslissing van de abt van Aiguebelle,' getuigt frère Bruno, een monnik van de abdij *Notre-Dame des Neiges* in de Ardèche. 'Het motief dat de abt opgaf was dat frère Luc overwerkt was en absoluut een tijd moest rusten. Maar frère Luc had het wel door en wist wat de ware intentie was: frère Luc bezat heel wat invloed in het Atlasklooster, wegens zijn rol als arts en zijn welwillende bezorgdheid voor alle armen en sukkelaars die aan zijn deur kwamen kloppen. Die populariteit wekte ongetwijfeld enige jaloersheid op bij de gezagdragers in dat klooster."

In elk geval komt hij dus aan in die in 1850 gestichte dochterabdij van Aiguebelle, waar ooit een zekere Charles de Foucauld in 1890 een zevental maanden kwam proeven van het monastieke leven onder de naam van frère Marie-Albéric. Wanneer frère Luc in *Notre-Dame des Neiges* aanklopt, is zijn faam als arts hem al voorafgegaan. Dom Claudius Valour, die abt werd in 1959, is een echte bouwer: hij heeft een groot gastenverblijf laten optrekken en speciaal voor frère Luc laat hij een medisch kabinet inrichten met de modernste snufjes, met name röntgenapparatuur. Het probleem is evenwel dat er nauwelijks iemand te verzorgen valt. 'Mijn oom voelde zich helemaal niet op zijn gemak in die abdij. Hij vond die te rijk,' zegt Pierre Laurent. Maar de monnik uit de Atlas wordt ook fel gestoord door een ander vervelend fenomeen: sinds 1880 wordt er wijn gemaakt in de abdij van de Ardèche en de bottelarij en het stockeren van de flessen brengt constant lawaai mee. Bovendien levert juist die activiteit bijzonder veel op.

Nog meer wordt de lekenbroeder gekwetst door het gemakkelijk leventje dat de communiteit erop na houdt. Het maakt van dit verblijf haast een beproeving... en het zal zijn terugkeer naar Algerije bespoedigen. 'Hoe hard het leven ook mag zijn, hoe lang de trieste dagen ook duren, hoe troostvol ook de gedachte aan die goede vallei van Josaphat, laten we ons niet méér haasten dan God om ons van de voet van het Kruis los te maken,' schreef Charles de Foucauld aan zijn nicht Marie de Bondy tijdens zijn verblijf in *Notre-Dame des Neiges.* Met zijn soms nogal scherpe humor zei frère Luc aan een vriend: 'Toen ik bij de trappisten intrad, heb ik aan alles verzaakt. Hier zou ik bijna aan de armoede moeten verzaken.'

Maar hij mist ook zijn patiënten. Hij dacht dat hij hun veel te bieden had. Maar nu realiseert hij zich dat zij leermeesters waren in evangelische armoede. Aan generaal-abt dom Ignace schrijft hij op 19 juli 1965: 'Ik begin te ontdekken wat armoede eigenlijk is. Eigen aan alle grootse dingen is dat je ze niet kan vatten, althans niet in hun diepste mysterie, tenzij je ze gaat beleven. Ik zal de armen weerzien, de sukkelaars die ik meer dan achttien jaar lang in al hun miserie verzorgde. De vernedering en het lijden bezitten een adel die geen menselijke wijsheid ooit kan bijbrengen. God is altijd aanwezig in dat leed.'

Frère Luc verkleumt ondertussen in de abdij van de Ardèche en kijkt ernaar uit om weer naar Algerije te kunnen. Tot nu toe was hij altijd discreet gebleven, maar nu lost hij enkele bittere opmerkingen over de reden van zijn terugkeer naar Frankrijk in september 1964: 'Ik blijf heimwee voelen naar Algerije. Ik heb de troost niet mogen smaken door de moslims uit het land gezet te worden. Het is mijn eigen klooster dat daarvoor gezorgd heeft.'

Wanneer frère Luc verneemt dat er versterking komt en Tibhirine nieuwe hoop mag koesteren, kan hij niet verbergen dat hij het moeilijk heeft om zich te onderwerpen aan het voorschrift van afstand te houden. Hij dient verzoekschriften in bij de generaal-abt en herinnert aan zijn diepe verknochtheid aan de Atlas: 'U weet hoezeer ik van Tibhirine houd. De jaren die ik doorbracht in het zuiden van Marokko en in Tibhirine hebben mij die verschrikkelijke ziekte bezorgd die men *le mal d'Afrique* noemt. Mijn besluit om te blijven en met het project door te gaan, stond vast. Er werden evenwel allerlei discrete allusies gemaakt over nut en noodzaak van het dispensarium. Daarom dacht ik dat ik de wensen (van anderen) te vlug af kan zijn, door de toelating te vragen om te vertrekken. Want het lijkt me ondoenbaar om als medicus niet actief aanwezig te zijn te midden van de armen. Na rijp beraad (ik heb er niet altijd zo over gedacht) geloof ik dat - in de context van een klooster dat zich bevindt in het centrum van een arme bevolking - zich bezighouden met mensen die ziek zijn, honger lijden, geen kleren hebben, ... een evangelisch en kerkelijk gebaar is dat werkelijk in de monastieke traditie thuishoort.'[11]

In de abdij van *Notre-Dame des Neiges* neemt hij de gewoonte aan om zijn hart uit te storten bij frère Bruno. Deze getuigt: 'Daardoor was ik goed op de hoogte van zijn innerlijke pijn, ja zelfs van de verscheurdheid die hij in zijn hart voelde door die gedwongen ballingschap, ver van zijn christelijke en moslim broeders'. 'Frère Luc wist hoezeer de zieken aan hem verknocht waren en zijn zorg nodig hadden, maar die werd nu niet meer verstrekt, want het dispensarium van de Atlasabdij was gesloten... voorlopig.'

Gedurende vijftig jaar kloosterleven riep de plaats die het dispensarium binnen de roeping van frère Luc innam, geregeld reacties op. Moest men, met het oog op een eventuele sluiting van de abdij, diegene verwijderen die het meest rechtstreeks in verbinding stond met de lokale bevolking? Is er misschien pressie uitgeoefend (van buitenaf) omdat frère Luc tijdens de oorlog zowel de slachtoffers van de gebeurtenissen verzorgde als de rebellerende onafhankelijkheidsstrijders? Frère Luc in Tibhirine laten, alleen in het gezelschap van drie andere monniken, betekende dat: gevaar lopen dat het dispensarium de bovenhand kreeg op het kloosterleven? In elk geval heeft de mislukking van zijn verblijf in de Ardèche ongetwijfeld te maken met diep heimwee: frère Luc is onherroepelijk gehecht aan Tibhirine. Nu de gemeenschap nieuw leven is ingeblazen, kan gedacht worden aan de terugkeer van frère Luc. En de generaal-abt gaat akkoord, wat onze dokter vol ongeduld noteert in een brief aan dom Ignace (19 juli 1965): 'Wat mij betreft, ik wacht op mijn "beloofde" afreis naar

Tibhirine. Deze keer zal ik mijn klooster niet terugvinden, maar zal ik uit naastenliefde worden opgenomen.'

De oversten en de nieuw samengestelde communiteit voelden zich ongetwijfeld gerustgesteld door de tussenkomst van pater Lebeau, een dominicaan die in 1964 een retraite kwam preken voor de monniken die versterking waren komen brengen. 'Dat er vlakbij het klooster een dispensarium is, is goed,' vond hij, terwijl frère Luc nog niet eens terug was. 'Omdat het klooster niet toegankelijk is en jullie vreemdelingen zijn, toont het dispensarium een gezicht waarop jullie verlangen af te lezen valt om dienstbaar te zijn en vriendelijk, verwelkomend en met belangstelling voor de mensen van het land.'

De terugkeer wordt aanvankelijk voorzien op 1 september 1965, maar een laatste verwikkeling duikt nog op: frère Luc krijgt een ernstige levercrisis en moet het bed houden... Eindelijk, op 2 oktober 1965, staat hij weer in de bergen van de Atlas. Frère Luc wacht niet lang om de generaal-abt, dom Ignace Gillet, te melden dat hij zich in Algerije veel gelukkiger voelt dan in Europa, ook als er zich in die jaren vlak na het Concilie al 'een nieuwe ruzie tussen oud en jong' aankondigt, wat de dokter overigens slaapverwekkend saai vindt. 'Ik blijf geloven dat het monastieke leven niet van de wereld is en ik acht mij heel gelukkig dat ik in een klooster woon waar veel menselijke zorgen afwezig zijn. Hoewel ik dagelijks in contact sta met de armen en zieken van het dispensarium, voel ik me meer op mijn gemak in dit Algerijnse kloostertje dan in die Europese kloosters waar men elkaar onophoudelijk om de oren slaat met aanpassing, op punt stellen, contact, dialoog, oecumene, enz. Voeding, uurrooster, taal, habijt... het is allemaal maar van heel weinig belang, maar moge de Vrede ons verleend worden.'[12]

1964: tijdens zijn verblijf in de abdij Notre-Dame-des-Neiges in de Ardèche krijgt frère Luc bezoek van zijn neef Pierre Laurent met zijn echtgenote France en hun twee kinderen.

HOOFDSTUK 8

De armen genezen, maar ook hun ziel

1965: Er wordt een nieuw dispensarium gebouwd, wat dichter bij de ingang van het domein, zodat het leven van de communiteit niet gestoord wordt. Frère Luc begint opnieuw consultaties te houden. Frère Amédée helpt hem weer: hij verzekert nog de permanentie voor de hulpverlening aan kinderen. Weldra, vanaf 1967, wordt hij afgelost door mevrouw De Smet, een Belgische doktersweduwe die tot dan in Kabylië werkzaam was. Zij zal ondermeer dienst doen als vroedvrouw bij bevallingen in de bergdorpen.

De medische hulp kreeg vorm. Meer en meer geneesmiddelen werden ingezameld: in 1969 meer dan acht ton! Per dag werden meer dan honderdvijftig patiënten onderzocht. Het bevoorraden van het dispensarium bleef een dagelijkse zorg voor frère Luc, die zijn patiënten immers gratis medicatie verstrekte. Dat noopte hem er ook toe er niet kwistig mee om te springen, maar spaarzaam en precies afgestemd op de zieke, wat overigens niet altijd naar de zin bleek van de patiënten. Hij vernam dat frère Faye, een monnik die uit Senegal naar Tibhirine overgekomen was, naar Frankrijk zou doorreizen om Marthe Robin op haar ziekbed te zien. Daarom vroeg frère Luc aan zijn medebroeder dat deze al zijn problemen zou toevertrouwen aan de 'heilige van Châteauneuf-de-Galaure'. 'Stel frère Luc maar gerust,' zou haar spontane antwoord zijn geweest: 'Hij zal nooit geneesmiddelen tekortkomen.' Die belofte zou Marthe Robin trouwens herhalen ten overstaan van de zus van frère Amédée, toen die met haar echtgenoot in de *Foyer de Charité* een retraite kwam volgen. Een episode van heel wat jaren nadien mag hier ook vermeld worden. Toen kwamen er een aantal pakken geneesmiddelen in Algiers aan, maar om ze in te klaren en op te halen moest je helemaal naar de haven van Algiers, een lange en moeizame klus. Moe en enigszins moedeloos, zoals hij zich wel vaker voelde, riep frère Luc plots uit: 'Marthe Robin moet er zich maar mee bezighouden!' Enkele dagen later werden de geneesmiddelen zomaar in Tibhirine afgeleverd. De douane en de post hadden er zelf voor gezorgd, wat ze anders nooit deden! Frère Luc was er over in de wolken en vertelde die anekdote dan ook graag.

Voldoende geneesmiddelen in huis halen, dat was een halve eeuw lang voor frère Luc een van de bekommernissen die veel van zijn tijd in beslag namen. In de voorlaatste brief aan zijn neef komt hij er in januari 1996 nog maar eens op terug: 'Als bedelaar onder de bedelaars vraag ik jou...' Vaak slaagde hij er in donateurs te vinden, maar bleek het transport tot in Tibhirine heel ingewikkeld. Een voorbeeld: in november 1994 wordt een pak opgestuurd dat pas op Pasen van het volgende jaar (30 april 1995) aankomt. Bijna zes maanden later dus! Ook twee zendingen vanuit de abdij van Bellefontaine delen dat lot: ze hadden er al in januari moeten zijn, maar arriveren pas begin juni 1995. 'Rond die tijd was onze dokter vermoeider en meer ontmoedigd dan anders. Hij wou zijn consultaties liever opschorten dan dat hij de patiënten met lege handen naar huis moest sturen,' zo wordt in het dagboek van de communiteit met klem gesteld[13].

Hoewel hij het volste vertrouwen had in het gebed van Marthe Robin, reisde frère Luc meestal toch wel naar Algiers om de geneesmiddelen op te halen en te sorteren en een paar dagen bij zijn goede vriend père Joseph Carmona, parochiepriester in de

Hussein Deywijk, uit te rusten van al die vermoeienissen. Dat was zijn toevluchtsoord, daar kon hij altijd terecht wanneer de uitputtingsslag die het werk in het dispensarium voor hem betekende, te zwaar werd. Met père Carmona maakte frère Luc wandelingen door de stad en discussieerde hij veel. En zo vond hij weer de kracht om opnieuw en op een goede manier door te gaan.

Farmaceutische laboratoria, liefdadigheidsinstellingen - met name Caritas Duitsland - ziekenafdelingen van Franse abdijen, maar ook zijn ex-medestudenten en professoren te Lyon, al wie hem eventueel aan geneesmiddelen kan helpen, vraagt frère Luc om hulp. Want die heeft hij dringend nodig om te kunnen voldoen aan de vraag. Wat de nationale gezondheidsdienst van Algerije aanlevert, volstaat niet. Al die geneesmiddelen stockeert hij in zijn kloostercel, alles dooreen. Met al die verpakkingen en pillenstrips heeft het er veel weg van een doolhof waarin alleen hijzelf de weg weet. In het dispensarium kan hij maar moeilijk de geneesmiddelen opslaan. Hij houdt ze daar weg om te voorkomen dat ze gestolen worden. Daardoor moet frère Luc natuurlijk heel dikwijls heen en weer naar zijn kamer, maar die korte onderbreking levert hem winst op, dubbele winst zelfs: ‘Terwijl ik naar mijn cel ga, krijg ik de kans om nog eens goed na te denken welk geneesmiddel nodig is,’ vond hij. En père Joseph Carmona, zijn vriend en vertrouweling, zei: ‘Ongetwijfeld boden de verplaatsingen hem ook gelegenheid tot een kort gebed.’ Zuster Anne Geneviève die een aantal keren in Tibhirine verbleef, herinnert het zich zo: ‘Wanneer ik hem over en weer zag stappen, naarmate de dag vorderde iedere keer wat langzamer, dan kreeg ik de indruk dat ik een monnik zag die aan het bidden was in de pandgang. En ik ben er ook van overtuigd dat dat zo was. Je voelde dat hij het lijden van de wereld op zijn schouders droeg, maar dat ergens diep in hem dit lijden in Gods hart werd opgenomen.’[14]

Door open te staan voor iedereen, bad frère Luc ongetwijfeld voor zijn patiënten. Niet alleen hun persoonlijke kwalen nam hij op in zijn gebed maar ook de endemische ziekten van dit land: armoede, werkeloosheid, complexe familieverhoudingen, geweld, minachting voor de vrouw, ... En dom Jean de la Croix herinnert zich dit: 'Toen ik eens op een avond zag hoe moe hij was, vroeg ik : "Weer veel patiënten gehad vandaag?" "O, dat is niet wat me vermoeit," was zijn antwoord "maar al die verhalen die ze mij komen vertellen, hele familiegeschiedenissen vol mensen die niet met elkaar overeen komen".'[15] Hij genas de mensen naar ziel én lichaam, het ene evenzeer als het andere. Zijn luisterbereidheid voor de zieken - vooral voor de vrouwen - die hun zorgen vertelden, was indrukwekkend. Soms moest hij op het einde van een raadpleging een flesje suikerwater als 'geneesmiddel' meegeven om zo de achterdochtige echtgenoot niet ongerust te maken.

Maar het waren niet alleen de door starre huwelijkswetten in huis opgesloten vrouwen die de wijze arts om raad kwamen vragen. De hele bevolking, zonder onderscheid, kwam naar hem toe met alle mogelijke kwalen en confidenties. 'Zijn aanwezigheid bood Jezus de gelegenheid om zoals eertijds in Palestina al die nederige, vertrouwvolle mensen te ontvangen en te helen. En aan mensen met een oprecht geloof gaf het ook de mogelijkheid om Jezus te ontmoeten en zich aan Hem toe te vertrouwen, ook al kenden ze Hem niet expliciet,' zegt frère Jean-Pierre[16]. Men ziet frère Luc zelfs in de rol van raadgever van - of minstens toch van aandachtig luisteraar naar - bepaalde hoge heren die hem over staatszaken consulteerden. Robert Fouquez, die als eremiet leefde in het Tamesguidagebergte, getuigt over hem: 'Hij verzorgde ook de rijke notabelen van Médéa en liet ze af en toe ook meer betalen ten voordele van de armen. Hij bracht de noden van de inwoners van Tibhirine onder hun aandacht. Maar het is juist dat hij een voorkeur had voor de kleinen, voor de armen.' Frère Luc heeft notabelen verzorgd die meer vertrouwen stelden in zijn diagnose dan in de voorschriften van de Algerijnse dokters. Zelfs heel wat van die artsen wonnen zijn advies in, want ongewild was hij zowat uitgegroeid tot de *maraboet* van Tibhirine, van wie men een betrouwbaar en kostbaar oordeel kreeg. 'Nu nog vragen de mensen: "Waarom toch heeft men frère Luc om het leven gebracht?". Hij is hun bijgebleven als een providentiële man, die niet alleen door zijn diagnoses, maar ook door zijn menselijk contact bekwaam was om mensen opnieuw vertrouwen te geven, opnieuw hoop te doen vatten.'[17]

Er gebeurt van alles, prettige dingen of soms dramatische. Op een dag ontdekt frère Luc een hersentumor bij een patiënt. De man kan het maar niet geloven en ondergaat daarop in Frankrijk allerhande gesofisticeerde onderzoeken. Maar die bevestigen de eerste diagnose. Waarop frère Luc goedmoedig zegt: 'met mijn vingers en mijn verstand heb ik het er even goed van af gebracht als die moderne machines!' Een andere keer geeft hij een vader de raad om zijn zoon zeker niet te laten besnijden omdat die jongen hemofilie heeft. De traditie en de maatschappelijke druk blijken evenwel sterker dan dit verstandige advies en het kind schiet er het leven bij in. De wanhoop nabij komt de vader zijn verontschuldiging aanbieden aan frère Luc omdat hij diens raad in de wind heeft geslagen. Een van de hoofdgeneesheren van het Mustafahospitaal in Algiers was niet bang om te zeggen dat frère Luc hem met zijn schitterende diagnoses nog altijd de geneeskunde bijbracht! Hij riep de arts-assistenten trouwens op om zijn voorbeeld te volgen: 'Ga in de leer bij die monnik. Hij was een van de allerbesten in het hospitaal van Lyon! Op één bladzijde noteert hij zijn observaties terwijl jullie daarvoor een heel schrift nodig hebben! En als iemand zich door jullie observaties geworsteld heeft, weet hij nog altijd niets, terwijl op dat ene blad alles glashelder staat!' Frère Luc had zijn medische kennis verworven zonder scanner, laser, röntgen of doorgedreven biochemische onderzoeken, maar met een uitgesproken zin voor observatie en reflectie. Dat was wat hem tot een groot medicus maakte, daarover was ieder het eens.

Wat toch niet verhinderde dat de raadpleging soms heel verrassend verliep. Dom Jean de la Croix vertelt bijvoorbeeld over een gesprek tussen frère Luc en een patiënte die hem uitvraagt: 'Waarom heb jij geen kinderen?' Waarop de dokter-monnik vol humor antwoordde: 'Wel... als ik kinderen had, dan zou het zeker met jou geweest zijn!' De vrouw die nogal mooi was, zei daarop zonder verpinken: 'Wel, meteen als je dat wil!' Men kan zich goed inbeelden hoe frère Luc het vertederd uitproestte en antwoordde: 'Ho, maar voor mij gaat dat niet, want ik heb mijn hart aan God gegeven!'

Over een andere dialoog die we door père Carmona kennen, maakte frère Luc zich bijzonder vrolijk. 'Ik heb geen kind, doe toch iets zodat ik een kind krijg!' verzuchtte een vrouw die naar het dispensarium gekomen was. Zonder te dralen zei frère Luc 'Ik heb nu geen tijd, kom wat later terug!' Toen hij de anekdote aan zijn vriend vertelde, besefte hij maar al te goed dat zijn woorden dubbelzinnig moeten geklonken hebben: 'Snap je wel wat ik zei?' Frère Luc had altijd wel een snedig antwoord klaar. Zo was er een patiënte die in aanwezigheid van frère Amédée een en al lofprijzing was voor frère Luc en diens efficiënte medicijnen. Plots zei de vrouw nogal abrupt: 'Jij, jij zult naar de hemel gaan!' waarop frère Luc haar meteen lik op stuk gaf: 'Maar zeker niet met jou!'

De sfeer was evenwel niet altijd zo ongedwongen. Ook wanneer er onrust was in het land - tijdens de oorlog in Algerije, maar ook toen het terrorisme de kop opstak - zette frère Luc zijn werk onverdroten voort, hoewel de moed hem soms in de schoenen zonk. Voor hem bestond er geen rebel, verzetsstrijder, 'goede' of 'foute' mens, maar alleen een zieke, een gekwetste, kortom een patiënt die zijn hulp nodig had. De meest lijdende medemens dienen, dat is het ideaal dat hij levenslang voor ogen had. Al nam dit niet weg dat hij een zekere zelfspot hanteerde, die gevoed werd door een vorm van echt pessimisme. 'Op gevorderde leeftijd zag hij de menselijke natuur al te scherp,' aldus Gilles Nicolas. 'Ik denk dat die houding hem werd ingegeven door zijn medeleven met de kleine lieden die hij iedere dag ontmoette: dat was zijn wereld.'[18]

Een wereld die hem haast nooit met rust liet: 'Hij had soms de pest in wanneer er laat op de avond nog zieken kwamen, maar dan legde hij zijn hand op de schouder van de zieke en sprak hem bijzonder liefdevol toe,' herinnert zuster Thérèse Blum, witte zuster in Algerije, zich. De mensen zegden over hem: 'Hij ziet, hoort en merkt heel vlug wat er met ons scheelt.'[19]

Overstuur door die stoet van zieken die soms de ingang van de priorij in een 'hof van mirakelen' veranderde, berispte de dokter soms fiks de veel te luidruchtig jammerende vrouwen. Hij werd dan vaak knorrig als een brombeer. 'Soms stuurde hij ze allen samen naar de binnenplaats en liet ze daar plaatsnemen rond een grote kookpot met aardappelen die moesten geschild worden; en wanneer het gekwebbel dan te luid werd, kwam hij uit het dispensarium naar buiten en brulde vervaarlijk,' aldus zuster Marie-Aymone Rullier, een karmelietes die enkele keren in Tibhirine op retraite kwam. Er kwamen almaar meer Algerijnse vrouwen naar het dispensarium. Er was niets aan te doen: frère Luc werd op handen gedragen en aldoor lastig gevallen, ook al trachtte hij zonder succes regels uit te vaardigen. 'Gelukkig bezat hij ook veel gevoel voor humor,' herinnert frère Jean-Pierre zich. 'Wanneer hij zijn stem verhief en de mensen een standje gaf, omdat ze - en dan ging het vooral om de vrouwen - te opdringerig werden, dan hield hij meteen eventjes halt, bracht de mensen aan het lachen, knoopte een gesprekje aan over de actualiteit, ... Wat discipline krijgen in die op hem afstormende massa, waarvan ieder als eerste behandeld wou worden. Consultatie houden, over en weer gaan naar het klooster om medicijnen... Over hoeveel geduld moet een mens beschikken om die last een hele dag door te dragen!'[20]

In principe was het dispensarium iedere dag geopend, behalve op zondag. De laatste jaren had frère Luc het besluit genomen om ook op vrijdag niet langer patiënten te zien. Zo respecteerde hij het weekritme van de moslims en gunde hij zichzelf een zeer noodzakelijke rustdag. En dan bakte hij frites voor de communiteit, want met frère Michel deelde hij ook het kokswerk. Monnik, dokter, kok... Beetje bij beetje werd een jong meisje opgeleid tot verpleeghulp: zij organiseerde de consultaties zo goed ze kon. Maar frère Luc deelde zijn dokterswerk nooit met een andere arts of arts-student. 'De mensen uit de streek die op consultatie kwamen met hun vrouw of dochters zouden nooit aanvaard hebben dat een andere man aanwezig was dan frère Luc, die ze ten volle vertrouwden,' aldus een dokter uit Médéa die tijdens zijn studiejaren met de dokter-monnik kwam praten. 'Toen ik een paar dagen in het gastenverblijf verbleef, gaf hij me alle medische tijdschriften die hij bezat en in de kloostertuin discussieerden we over pathologie.'[21] En een dokter bevestigt vandaag de basisles die frère Luc hem in de jaren zeventig gaf: 'Weet je, al dertig jaar sta ik in de praktijk en ik heb vastgesteld dat zieken vooral gerustgesteld willen worden.'

HOOFDSTUK 9

Een dispensarium van de trappisten

Frère Luc moest zijn medische activiteiten uitoefenen binnen het perspectief van de communiteit. Dat liep niet altijd van een leien dakje en werd ook niet steeds begrepen. De activiteit van medicus is niet van huize uit compatibel met een leven dat op contemplatie gericht is. Nochtans vond frère Luc dat ze daar in het heel specifieke geval van een klooster in Algerije wel degelijk in paste. Dat had hij in 1965 al uitgelegd aan de generaal-abt, toen hij 'in ballingschap' was gestuurd naar *Notre-Dame des Neiges*. De christelijke armoede waarvoor frère Luc koos en die hij beleefde, drukt Christus' liefde uit en de solidariteit met de armen is een teken van het Rijk Gods: 'Ik geloof dat zich bezighouden met mensen die ziek zijn, honger lijden, geen kleren hebben, in de context van Tibhirine, d.w.z. van een klooster dat zich bevindt te midden van een armzalige bevolking, een evangelisch en kerkelijk gebaar is dat werkelijk thuishoort in de monastieke traditie,' schrijft hij op 12 november 1964 aan dom Ignace.

De roeping als trappist is eerder gericht op het werken op het land, het brouwen van bier of het maken van kaas. 'De mentaliteit in het klooster bleef getekend door de regel, die de rol van medicus verbood. Frère Luc voelde die reticentie aan en leed daaronder, zo herinnert frère Jean-Pierre zich.[22] Sommigen waren er zich heel sterk van bewust dat het goed was dat er een dispensarium actief was vlak bij het klooster. Als getuige van de Goede Boodschap kon het klooster toch niet onverschillig toekijken terwijl mensen leden en zware zorgen kenden. Zoals in de parabel van de barmhartige Samaritaan moesten er concrete daden gesteld worden. Bovendien droeg de uitstraling van frère Luc er op een uitzonderlijke manier toe bij om te tonen dat het klooster zich mensvriendelijk wilde opstellen.

Ontegensprekelijk speelde de aanwezigheid van het dispensarium een essentiële rol in de verhouding van de priorij tot de moslimbevolking. Frère Luc nam daarbij het voortouw. De rol van de dokter was het gevoelige en ook het zwakke punt van het klooster, want daarop gingen de aanwezige partijen hun aandacht richten. Toen het uur van het geweld aanbrak, en frère Luc zich ontfermde over de gekwetste strijders, betrok Christian de Chergé wel de hele communiteit in het 'medisch geheim' van frère Luc.

In januari 1975 stelt de kwestie van het dispensarium zich met nieuwe scherpte. Frère Luc ondervindt immers last van een kleine tumor in de onderbuik en moet naar Lyon, waar hij geopereerd wordt door dr. Guillemin, een voormalig medestudent. Tijdens de herstelperiode verblijft hij in de abdij van Tamié, in de Savoie. Gedurende zijn afwezigheid wordt in de Atlasabdij een permanentie voorzien. Maar de communiteit stelt zich vragen over hoe het in de toekomst verder moet. Vooreerst wordt onderstreept dat de dokter een hele tijd rust moet nemen en 'dat men hem, zo hij zijn activiteit herneemt, een gereduceerd uurrooster zal moeten opleggen'. In de loop van de discussie wordt het gaandeweg zonneklaar: 'Als frère Luc niet kan terugkomen, dan houdt het op voor het dispensarium. Maar komt hij wel terug naar Tibhirine, dan is sluiting niet denkbaar en niet realistisch.'

Dat werk voor en te midden van de bevolking houdt een uitnodiging in om de regel van Benedictus ook toe te passen buiten de begrenzing van het kloosterlijk slot: 'Vóór alles en boven alles moet men zorg dragen voor de zieken, zodat ze werkelijk gediend worden als Christus in eigen persoon, daar deze immers gezegd heeft: "Ik was ziek en gij hebt Mij bezocht".' Is het niet logisch dat die dienstbaarheid die aan de medebroeders moet betoond worden, ook uitgebreid wordt tot de buren die aan de deur komen kloppen? Wat dacht frère Luc daarvan? Soms was hij heel vermoeid, maar eerder nog moedeloos door de vele ellende die zoveel vragen om hulp meebracht. 'Meermaals hoorde ik hem zeggen: "Ik ben zieker dan zij". Hij was inderdaad hartlijder en had ernstig last van astma; daardoor kon hij slechts zittend de slaap vatten en kon hij 's ochtends maar moeilijk opstaan en lukte het hem haast niet om zich voorover te buigen om schoenen aan te trekken,' aldus frère Jean-Pierre. Maar het meest leed hij soms onder het gevoel van machteloosheid en weerloosheid ten aanzien van het lijden van de anderen. Herhaaldelijk was die pijn zo sterk dat hij wou weggaan, omdat hij het niet langer kon aanzien niet te kunnen helpen.'[23] De opdracht was inderdaad immens zwaar en de lekenbroeder, die binnen zijn eigen communiteit vrijwel gemarginaliseerd leefde, voelde zich soms heel eenzaam om aan het werk te gaan. Frère Jean-Pierre stelt zich vandaag de vraag: 'Misschien zou het beter geweest zijn dat het dispensarium meer geïntegreerd was in het dagelijks beleid van het klooster en in het leven van de communiteit. Als een diensttaak zoals andere en als een erkend werk van de hele gemeenschap, dat door haar als zodanig aan frère Luc toevertrouwd was. Hij zou dan minder alleen gestaan hebben om de zware last ervan te dragen.'

Maar dat is nu net zijn roeping, en die is dubbel: monnik zijn én dokter. In 1977 is frère Luc opnieuw aan de slag, nog meer dan vroeger. 'Het dispensarium krijgt nog altijd veel klanten over de vloer. Hoe meer dokters er komen in Médéa, hoe meer zieken van Médéa ik te zien krijg, nochtans word ik zoetjes aan al kinds: ik word op 31 januari drieënzestig!' Hij verzorgt, luistert, helpt en begeleidt ook de vrouwen voor wie een bezoek aan de dokter de enige oplossing is om eens buitenshuis te komen. Hij helpt ook de mensen die zo arm zijn dat ze zelfs geen fatsoenlijke kleren bezitten. 'Ik werk nog altijd in het dispensarium waar ik veel zieken behandel en ook de bedelaars moeten een antwoord krijgen,' zo schrijft hij op 17 september 1983 aan een correspondent. En hij maakt meteen van de gelegenheid gebruik om hem om kleren, schoenen, schoolschriftjes enz. te vragen, die hij daarna onder zijn patiënten zal uitdelen. En zijn neef Pierre Laurent vertelt: 'Hij vond het goed dat men hem kleren opstuurde, iets wat mijn moeder geregeld deed, maar tot haar grote wanhoop zag ze op de foto's die ze af en toe te zien kreeg, hoe die kleren door Algerijnse mensen gedragen werden, terwijl mijn oom aldoor dezelfde oude versleten en gelapte pij droeg.'

'In Tibhirine is de winter aangebroken, met regen, mist en vocht. Ik werk nog altijd in de keuken en behandel ook de zieken die in groten getale naar mij toe komen. Ik hou me ook bezig met mensen die kleren nodig hebben of andere materiële noden kennen,' schrijft frère Luc in een brief van 12 december 1983. Dat levert soms pikante toestanden op, met zendingen lingerie die in het klooster worden afgeleverd door de postman, maar soms ook door geestelijken op bezoek in Tibhirine: 'Dat ondergoed heeft me veel genoegen gedaan,' zo schrijft frère Luc op 15 maart 1985 aan een milde schenker. 'Ik hou me inderdaad bezig met jonge meisjes die aan het lyceum studeren (leeftijd 18 tot 21 jaar). Ze waren dolblij met uw zending en danken u zeer hartelijk. Met plezier zal ik dus nieuwe zendingen ondergoed van u in ontvangst nemen, als u daarvoor nog zou kunnen zorgen.'

Met grote regelmaat vroeg hij ook om snoep, vooral bonbons om zijn hoest wat te stillen, en het was de familie die die bevoorrading op zich nam. De gezondheid van de oude monnik blijft fragiel en, verwonderd dat hij ondanks zijn kwaal nog altijd actief kan zijn, telt hij de jaren die voorbijgaan. In oktober 1984 is er opnieuw een kink in de kabel: 'bronchitis met myocard infarct (hartspierinfarctus), rechterzijtak volledig verstopt, twaalf dagen hospitaal en veertien dagen rust in Algiers bij père Carmona,' zo meldt hij met medische precisie in een brief van 23 februari 1985. En in september 1986: 'Ik leef nog. Hoewel ik moeilijk kan ademen, werk ik nog altijd evenveel in de keuken en in het dispensarium. Er zijn heel veel zieken. De jongste medische onderzoeken leveren soms geen oplossing en ondanks al die negatieve onderzoeken sta ik toch maar weer bij mijn zieken met hun problemen. De mens zit soms complex ineen en laat zich niet vangen in al die testen, hoe gesofisticeerd ze ook mogen zijn.' Een flinke scheut humor ontbreekt hem nog steeds niet: 'Ik ben een oude muur, die overhelt en weldra omvalt,' schrijft hij op 26 december 1987, tien jaar voor zijn dood. Een zelfde jammerklacht horen we in januari 1989: 'Mijn gezondheid is wankel. Moeilijke ademhaling. Ik heb de kaap van 75 jaar gerond. Het licht wordt minder, zoals bij een oude olielamp en ik wacht op het leven van de toekomstige wereld.'

Op 16 juli 1985 komen twee diocesane priesters langs. Ze zien met verbazing de activiteit van frère Luc binnen het trappistenklooster: 'Het leven van de monniken verloopt op het ritme van de twee klokken, wat op zich al wonderbaar is in moslimgebied. Ook is er een monnik die dokter is en die raadplegingen houdt voor de moslimbevolking. In het poortgebouw rinkelt voor hem de bel onophoudelijk en is er een voortdurend komen en gaan van mannen, gesluierde vrouwen en kinderen die de *toubib* willen spreken.'[24]

De aanwezigheid van de dokter is een eigenaardigheid van de Atlascommuniteit waaraan niet meer te tornen valt. De broeders onderstrepen het nog maar eens in hun antwoord op het voorbereidend document voor de synode over het Godgewijde leven in 1994: 'De aanwezigheid van een dokter in ons midden - en dat al sinds 1946 - blijft sterk bijdragen tot het kwaliteitsimago van ons klooster. De menselijke eigenschappen van onze medebroeder en de diensten die hij bewijst, zijn een referentie zowel naar buiten toe als voor ieder van ons.' Maar niet alles is positief... Hoewel het zeker niet alleen over de consultaties van frère Luc gaat, laat het document toch horen dat 'de vele opgaven die voortkomen uit de onthaalactiviteit toch een bedreiging betekenen voor de waarden van interioriteit van de persoon en van de gemeenschap.'[25]

Toen de nieuwe generaal-abt, dom Bernardo Olivera, van 6 tot 10 juni 1991 een bezoek bracht aan Tibhirine, vond een mooie gedachtenwisseling met frère Luc plaats. 'De ontmoeting was kort en helder en liet me toe hem te begrijpen ondanks mijn slechte Frans (...) Onmiddellijk ontstond er tussen ons beiden een positief klimaat en verstandhouding. Ik was aangenaam verrast door die broeder met zijn ruwe uiterlijk en zijn zachte hart, een man die bij nacht las en achteraan in de kloosterkerk zonder opgeven zat te bidden.' Samen dachten ze na over de rol van het dispensarium: 'Wat zou ermee gebeuren als frère Luc zou overlijden? Enerzijds klopte het dat het dispensarium meer dan andere activiteiten van de monniken, ervoor had gezorgd dat de communiteit zich in het lokale maatschappelijke weefsel had kunnen integreren: het dispensarium liet toe dat het monastiek gebed vertaald werd in belangeloos dienstwerk naar evangelische maatstaf. Anderzijds echter was het ook 'het dispensarium van frère Luc', die maar op en af draafde en die alle lasten ervan op zich nam, terwijl dat niet noodzakelijk zijn wens was.'[26]

Dat het dispensarium exceptioneel en van grote waarde is, ontgaat niemand. Dom Olivera bevestigt bij zijn bezoek wat hij voorvoeld had: het dispensarium is een 'troefkaart' voor Tibhirine en frère Luc is er de spilfiguur van, maar tijdens zijn ontmoeting met de generaal-abt laat frère Luc zich ook van een geheel andere kant zien: het enige wat hij wil, is leven in gebed en dienstbaarheid, tenzij hij een last zou zijn voor de gemeenschap van zijn medebroeders: 'Hij vroeg zich zelf af en hij vroeg het ook mij of hij niet beter naar Aiguebelle terug zou keren zodat zijn eigen miserie (astma, slapeloosheid, artrose) geen te zware belasting voor zijn medebroeders zou worden. Hoeft het onderstreept te worden dat zijn twijfels niet gedeeld werden door de broeders van de communiteit: allen wensten dat hij onder hen zou blijven. Na vijftig jaar in Algerië kon men daarover onmogelijk anders denken!'

De vraag die zich gesteld had gedurende die vijftig jaar dat frère Luc in Tibhirine verbleef, stelde zich helemaal op het einde nog altijd. Christian de Chergé vroeg zich ernstig af of het dispensarium al dan niet moest behouden blijven wanneer de lekenbroeder te vermoeid bleek voor die taak of zou overlijden. Tijdens een kapittelvergadering, op 18 januari 1993 - nog voor de onrust voelbaar werd en de jihadi's een bedreigend 'bezoekje' kwamen brengen - stellen de broeders zich in heldere bewoordingen de volgende vraag: 'Rondvraag in het kapittel over de vraag naar een met het klooster verbonden sociaal dienstbetoon dat in voorkomend geval het dispensarium kan aflossen,' zo staat in het communiteitsdagboek genoteerd op 18 januari 1993. 'Verschillende broeders zijn de mening toegedaan dat men zich ervan moet bewust zijn dat wij doorheen frère Luc een getuigenis afleggen voor de Kerk, en van onze verantwoordelijkheid om dit (getuigenis) te continueren. Feitelijk komt uit het gesprek veeleer het gevoel naar boven dat wij onszelf moeten blijven. Men moet daarin blijven geloven ook al zou die "façade" wegvallen (nvdr het werk dus van frère Luc), want (zelfs) die kan ons toch nooit een "maatschappelijke reden" opleveren die echt onze monniksroeping weerspiegelt. Daarom, als het zover komt, moeten we waakzaam blijven. Andere dringende verzoeken kunnen ons leren hoe we de noodzakelijke relaties met de omgeving kunnen onderhouden.'

Wat frère Luc erover dacht wordt niet aangeroerd. Heel zeker nam hij deel aan het kapittel, ook al was hij niet altijd aanwezig op de bijeenkomsten van de gemeenschap. Uiteindelijk is de knoop nooit doorgehakt: het dispensarium verdween gelijktijdig met heel de communiteit. En de broeders hebben door hun marteldood de ultieme vorm van samenleven met de Algerijnen ontdekt.

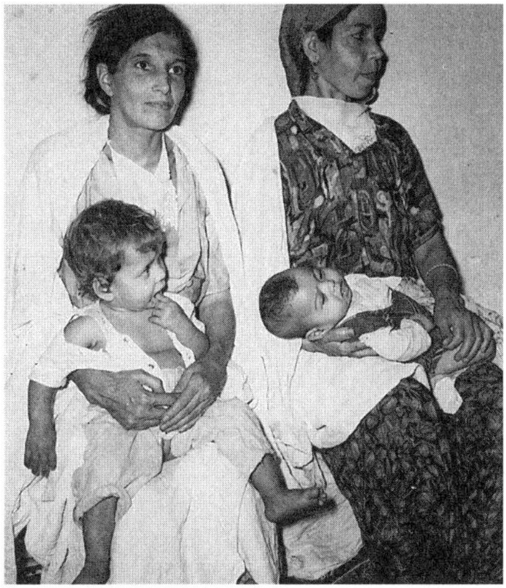

Naar het dispensarium komen nog altijd veel gezinnen.

1986: Frère Luc (links) met de communiteit van Tibhirine. Rechts zien we de jonge prior Christian de Chergé.

1970: het dispensarium van frère Luc werd meerdere keren verplaatst. De dokter-monnik ontving tot honderd patiënten per dag.

HOOFDSTUK 10

Een gemeenschapsmens

De persoonlijke roeping van frère Luc bestond erin dat hij in Algerije tegelijk zowel monnik als dokter was. Wat dus meebrengt dat de gemeenschapsdimensie van het monastieke leven niet genegeerd kan worden. Uiteraard was zijn werk in het dispensarium in zekere zin iets origineels en maakte het werkelijk de ruggengraat van het dagelijks leven van frère Luc uit. Maar dat betekent geenszins dat hij, ook al was hij dan een lekenbroeder, de aandacht voor zijn medebroeders verzuimde.

'Dat statuut,' zo legt frère Jean-Pierre graag uit, 'had hem wat kunnen wegdrukken naar de marge van de communiteit, maar frère Luc was integendeel op allerlei wijzen nadrukkelijk aanwezig in de groep.' Als lekenbroeder nam hij niet altijd deel aan de kapittelvergaderingen, maar toch was hij bijzonder belangrijk voor de prior zowel als voor zijn medebroeders. Het kwam zelfs voor dat hij heel uitdrukkelijk tussenbeiden kwam op zo'n kapittelbijeenkomst, zoals naar aanleiding van zijn veertig jaar kloosterleven: 'Jullie zullen me wel een half uur moeten aanhoren,' zo waarschuwde hij meteen. 'Niet ik heb jullie die penitentie opgelegd, maar père Christian, want hij heeft erop aangedrongen dat ik jullie over Tibhirine zou vertellen. Het is een moeilijke zaak om het verleden van onder het stof te halen, want op mijn ouderdom laat het geheugen je soms in de steek en je herinnering bedriegt en beliegt je.'

Ondanks al die oratorische voorzorg blijkt zijn herinnering nog uiterst precies. Frère Luc vertelt de communiteit over zijn aankomst in 1946 en hoe hij toen in de wasserij moest beginnen. Ook heeft hij het over de medebroeders van toen, die Staouéli nog gekend hadden. Over de recente periode spreekt hij niet, zijn verhaal eindigt bij de onafhankelijkheidsoorlog. Hij geeft zich in de toespraak ook niet helemaal bloot. Alleen zijn heel bescheiden slotwoorden tonen wat hij denkt: 'Veertig jaar ben ik hier, en die zijn met een ontzettende vaart voorbijgegaan. Ik had het er onlangs nog over met een père. Ben ik eigenlijk wel veranderd gedurende die veertig jaar kloosterleven? In alle eerlijkheid meen ik dat dat niet het geval is. Ik ben gebleven wie ik was, met al mijn ondeugden en gebreken. Maar hij zei me: "Toch is het buitengewoon, frère Luc, dat u veertig jaar hier gebleven bent."[27]

Wanneer frère Luc aan de gedachtenwisseling deelneemt, ontgaat zijn aanwezigheid niemand: 'Samenkomst van de gemeenschap na de terts in de werkplaats. We herhalen voor de hele gemeenschap wat onlangs het voorwerp was van mini-kapittels in kleine groepjes. Dat frère Luc meedoet, is een opmerkelijk voordeel.' Christian de Chergé vroeg de dokter heel regelmatig om advies en hoewel ze niet steeds dezelfde mening hadden, werd toch dikwijls naar hem geluisterd. 'Zelfs de prior voelde behoefte aan zijn raadgevingen of tussenkomsten, met name in moeilijke en ernstige omstandigheden, zoals toen overal gevaar dreigde,' herinnert frère Jean-Pierre zich. 'Ze spraken elkaar zonder veel voorbereiding, bij toeval, zomaar voor de vuist weg, eerder dan onder vier ogen te confereren in het kantoor van de overste.'[28]

Zonder de minste twijfel imponeerde frère Lucs persoonlijkheid de leden van de communiteit. Na het bezoek van de GIA op kerstavond 1993 aarzelde frère Christian bijvoorbeeld geen moment om frère Luc ten overstaan van de 'broeders van het gebergte' de wacht over het huis toe te vertrouwen wanneer hij uithuizig moest zijn, ook al was frère Christophe subprior. Want frère Luc was voor niemand bang. Hij bleef zichzelf in de neteligste situaties, en hij bleef nuchter denken.

Gemakkelijk was zijn relatie met de gezagsdragers evenwel nooit. 'Het is rechtvaardig en billijk dat de leerling zijn overste beschouwt als het "sacrament van gezag en goddelijke genade",' vertrouwde frère Luc zijn medebroeder Jean-Pierre ooit toe. 'Maar het is compleet fout - en een oorzaak van veel stommiteiten - wanneer een overste zichzelf voor de Goede God houdt!'[29] In de jaren zestig zijn er pogingen ondernomen om frère Luc uit Tibhirine weg te krijgen, toch minstens voor een tijd, ondermeer vanwege de merkwaardige situatie dat hij er de enige lekenbroeder was. Daardoor hoefde hij de diensten niet bij te wonen en nam hij niet deel aan de kapittelvergaderingen, noch aan de stemmingen of beslissingen, tenzij de overste hem dat uitdrukkelijk vroeg. 'En dan kwam hij ernaartoe uit gehoorzaamheid,' vertelt frère Jean-Pierre. Overigens beschouwde men zijn aanwezigheid wel als waardevol, want frère Luc had gevoel voor de eenheid binnen de communiteit: 'Hij kon het niet verdragen dat broeders onderling verdeeld waren. Als er onbegrip voorkwam, nam hij geen genoegen met een passieve opstelling om de vrede te bewaren, maar probeerde hij met zijn humor de irritatie weg te nemen, en met geduld, geloof en onderwerping de kloof te dichten,' aldus nog frère Jean-Pierre.

Frère Luc probeerde niet onder de gewone taken in de gemeenschap uit te komen, hoe sterk hij ook benomen werd door zijn activiteiten in het dispensarium. Bij zijn aankomst in 1946 kreeg hij een opdracht in de wasserij en wat later, vanaf 1949, zette hij de koksmuts op, wat voor de communiteit heel belangrijk was. Overigens was hij de laatste jaren zelfs hoofdkok, met frère

Michel als hulp. Samen organiseerden ze de week in functie van het werk in het dispensarium: Michel nam maandag, dinsdag en woensdag voor zijn rekening, frère Luc de rest van de week, en op zondag kookten ze samen. De verantwoordelijkheid van frère Luc was wel wat groter, aangezien er in het weekend meer gasten in het klooster waren. De laatste jaren werkte frère Luc niet meer op vrijdag en hield hij ook op zondag niet langer consultatie. Hij had de gewoonte aangenomen om op vrijdag voor frites te zorgen, alsof hij daarmee het weekend al wou inluiden. 'Om ons een plezier te doen, heeft hij ondanks zijn vermoeidheid dikwijls 's nachts frites gebakken voor ons. Hij wist dat we van frites hielden en als hij ze 's nachts al voorbakte, moesten ze de volgende dag alleen nog even in de kokende olie, en konden ze krakend warm opgediend worden, heerlijk!' zo vertelde frère Amédée op 12 februari 1997 in een brief aan de generaal-abt.

Ondanks alles was koken voor frère Luc een niet te onderschatten opdracht, zeker na lange werkdagen vol consultaties. Maar hij had er overduidelijk schik in om met die verantwoordelijkheid dienstbaar te zijn aan de medebroeders: 'De taak van de keukenpiet is proberen de mensen een plezier te doen,' zei hij gaarne. Een taak die hij in hoofdzaak opnam door 's ochtends heel vroeg op te staan: als hij zijn officie bad rond twee uur 's ochtends dan kon hij om zeven uur al op post zijn om de eerste patiënten te ontvangen. Gezien hij van oudsher maar moeilijk sliep, gebeurde het zelfs dat hij nog vroeger opstond om voorbereidingen te treffen voor de maaltijden. Dat was met name het geval in de nacht van 26 op 27 maart 1996, de nacht dus van de kidnapping. Toen de monniken die aan de overval ontsnapt waren, het gebouw inspecteerden nadat de overvallers weg waren, zagen ze dat de maaltijd al door frère Luc was klaargezet: 'Père Amédée en ikzelf vonden op het keukenfornuis een grote ketel met dertig liter rode bonen. In een andere kookpot stond de soep voor de Ribâtgroep, die sinds twee dagen in het gastenkwartier verbleef. Frère Luc had al gekookt voor hij samen met de andere broeders in dat wrede avontuur werd meegesleurd. Het was kwart over één in de nacht: toewijding aan de communiteit!' getuigt frère Jean-Pierre.[30]

Vanaf de middag stopte hij met zijn werk in het dispensarium en nam hij zijn taak op in de keuken, niet alleen voor de communiteit maar ook voor al wie in het gastenkwartier was ondergebracht. Een dienst die hij met veel zorg vervulde. Hij onderstreepte dat de maaltijden van belang waren om een goede sfeer onder de broeders te behouden. En frère Jean-Pierre herinnert zich nog deze geestige opmerking van de dokter-monnik: 'Je vindt in het klooster makkelijker een abt dan een goede kok!'

Dat frère Luc attent wou zijn voor de andere broeders, drukte hij overigens niet alleen uit met zijn lekkere schotels. Ze hadden ook veel waardering voor zijn dienstbaarheid als arts. Maar dan moesten ze zijn hulp wel inroepen: frère Luc had niet de gewoonte zich op te dringen, zelfs niet wanneer het ging om de gezondheid van zijn medebroeders, die hem toch in hoge mate aanbelangde. 'Hij zag ons graag en was bezorgd voor onze gezondheid,' vertelt frère Amédée. 'Hoeveel keer heeft hij me niet verzorgd, hoe dikwijls een inspuiting gegeven om me van een zware bronchitis af te helpen!' Frère Jean-Pierre van zijn kant legt meer de nadruk op de grote nederigheid van de dokter: 'Als arts drong hij ons zijn diensten niet op. Je moest zelf het initiatief nemen om hem op te zoeken. Men mocht gerust een andere arts in de stad nemen, jaloers was hij helemaal niet. Maar als je naar hem kwam, dan was hij bijzonder gedienstig en werkte zich voor jou uit de naad.'

Frère Pierre-Marie, die gedurende twee jaar (1981-1982) in Tibhirine verbleef, herinnert zich heel goed frère Luc en frère Aubin – die toen portier was. Beide monniken mochten elkaar graag: 'Ze zaten bijeen in de eetzaal, met het gezicht naar elkaar, en deelden netjes de wijn die voor hen klaar stond. Hoewel hij last had van hoge bloeddruk (met pieken tot 25!) strooide père Aubin toch maar kwistig zout op zijn gerechten, zij het niet zonder schrik voor de donkere blik van de dokter die dat allemaal zag. Maar hoe kon je nu een boerenzoon uit Bretagne verplichten om boter te eten zonder zout erin?'

Broederlijk, zeker. Gewaardeerd door de medebroeders, eveneens zeker; en heel wat van hen deden een beroep op zijn gezond verstand en zijn scherp inzicht. Maar wanneer men hem het woord verleende, gaf frère Luc vrijmoedig zijn mening. 'Onder ons, zijn medebroeders, had hij geen schrik om ons te vertellen wat hem niet aanstond, en dan kon hij bijzonder onprettig naar inhoud of vorm uit de hoek komen. Opmerkingen aan zijn adres, tenminste op het moment zelf, verdroeg hij daarentegen maar moeilijk. Wie zo impertinent was geweest, kreeg meteen lik op stuk. Hij zei wel dat hij zich niets aantrok van wat men over hem dacht, maar of dat echt zo was, is niet zo zeker!' vertelt frère Amédée.

De soms nogal bijtende humor van frère Luc kon frère Amédée niet altijd behagen. Was frère Luc hard voor zichzelf, dan was hij dat niet minder voor anderen. Op het schutblad van een devotieboek schreef hij: 'In het kloosterleven is middelmatigheid het allerergste. Word liever metselaar als dat je roeping is, maar als je religieus bent, wees dat dan ten volle, of werk je te pletter.'[31] En père Carmona herinnert zich nog duidelijk de scheldkanonnades waarin frère Luc man en paard noemde. 'Met alle vooruitgang die er geboekt wordt in de wetenschap, zouden ze beter eens een vaccin vinden tegen de stommiteit,' zo riep frère Luc wel eens uit. Gilles Nicolas erkent ook dat frère Luc soms nogal onthutsend uit de hoek kwam: 'Op het eerste gezicht konden zijn enigszins zwarte humor, zijn soms sarcastische ondertoon en zijn dikwijls pessimistiche vooruitzichten een mens choqueren. Men zou gedacht hebben dat hij een verbitterd mens was, maar de houding en de toon van frère Luc kun je maar echt begrijpen als je weet hoe diep zijn solidariteit met de armen was', getuigt de oud-pastoor van Médéa. Het is waar dat frère Luc, die altijd op de bres moest staan en die onophoudelijk aangeklampt werd door zieken, bijzonder veel geduld aan de dag moest leggen. En dat terwijl hij zelf vond: 'Mocht ik anderen evenveel last berokkend hebben als zij mij, dan zou ik me direct haasten om mezelf in de hel te storten!'

Zijn duidelijk pessimisme en zijn vermoeidheid brachten de dokter er wel eens toe illusieloze tirades te houden, zoals frère Pierre-Marie mocht ondervinden. 'Heb je goed gehoord wat we zopas gezongen hebben?' zei hij me een keer na een zaterdagse vesperdienst die ons liet binnentreden in het mysterie van de Verrijzenis dat we op zondag vieren: "De liefde gaat nooit voorbij!" Wel, dat is waar! Ik wacht er nog altijd op dat de liefde zou voorbijkomen!'[32]

Wat achter die spot verborgen zat, was ongetwijfeld de ouderdom van de dokter, maar ook zijn ongeduld om de kwetsuren van de wereld te lenigen: 'Op zijn schouders drukten jarenlang zijn eigen fysieke lijden, maar ook de last van de anderen, met name van de arme en zieke medemens,' onderstreept frère Jean-Pierre, die zijn biechtvader was. 'Niet het lijden dat hem zelf trof, deed hem het meeste pijn, maar wel dat hij anderen zag lijden en hen niet kon helpen.' Tot op het laatst zet frère Luc zich volledig in voor zijn zieken. Dat wordt ook bevestigd in een van de laatste brieven van frère Christian. Op 7 maart 1996, twintig dagen voor hij gekidnapt wordt, schrijft deze aan een monnik van Aiguebelle: 'De situatie van de gewone mensen is verschrikkelijk moeilijk en wij moeten veel families helpen die totaal onbemiddeld zijn. Frère Luc lijdt eronder dat hij niet meer zoals vroeger hulp kan bieden, vooral aan twee of drie families die hij sinds meer dan dertig jaar onderhoudt. Voor hen ben ik in feite minder bezorgd dan voor de dokter zelf. Zij hebben voldoende van hem geprofiteerd en hem 'misbruikt'. Maar onze 'dierbare dokter' zou zelfs het hemd van zijn lijf weggeven, zo vertelt de prior. En zijn verdriet doet mij verdriet. Evenzeer als zijn met de ouderdom toegenomen sereniteit ons een levend voorbeeld is. Wat een kerel!'[33]

De gasten en bezoekers van het klooster waren evenzeer onder de indruk van frère Luc. Daarvan getuigt een religieuze, die meermaals in het gastenverblijf van Tibhirine kwam: 'Iedere mens was voor hem uniek en beeld van God: dat las je dikwijls genoeg in de blik waarmee hij naar de mensen keek. Wat niet belette dat hij kritisch bleef of zelfs spottend, maar wel altijd op een fundament van goedheid. Hij zag de situatie van het land helder onder ogen, maar voelde geen misprijzen voor wat anders had kunnen zijn. Zijn bijzonder drukke leven maakte dat er niet veel kans was om een gesprek met hem aan te knopen. Wanneer men hem bij toeval tegenkwam terwijl hij in de kloostertuin wandelde, was hij helemaal in zichzelf gekeerd, totaal verzonken in God. Meestal merkte hij je dan ook niet eens op. Het zou zonde geweest zijn hem in die zeldzame ogenblikken van absolute eenzaamheid met God te storen.'

Ook anderen werden soms wel eens blootgesteld aan zijn wat driftig karakter. Dat overkwam bijvoorbeeld een karmelietes. Toen ze in het gastenkwartier verbleef, werd ze wat onpasselijk en na een tijdje deed ze een beroep op de dokter. Die kwam intimiderend over met zijn reactie: 'Vanmiddag is er pasta. Eet ervan, dat zal je goed doen.' Soeur Jacqueline-Françoise van de kleine zusters van Jezus bleek evenmin op haar gemak wanneer ze de imposante gestalte van de dokter zag: 'Hij grommelde wat, deed heel plagerig, en ik was soms bang van hem. Ik ontweek hem!' Maar wanneer de kleine zusters een tijdlang in het klooster van Tibhirine hun toevlucht moesten zoeken, ontdekte ze tot haar grote verwondering dat het net frère Luc was geweest die er in de gemeenschap had op aangedrongen dat de monniken daarmee instemden.

De communiteit was sterk gehecht aan frère Luc, dat lijdt niet de minste twijfel. De broeders bewonderen de dokter en die geniet hun volste respect, en naar de lekenbroeder zien ze om met bezorgdheid en tederheid. Over zijn negenenzeventigste verjaardag bijvoorbeeld onthoudt het dagboek van de communiteit: 'Bescheiden en met veel genegenheid hebben we de verjaardag van frère Luc gevierd, die nu zijn tachtigste levensjaar ingaat. Frère François heeft op de binnenplaats sinaasappelen geplukt, die onze dokter bijzonder liefdevol verzorgt. Negenennegentig sinaasappelen heeft hij geoogst - een record - alles bijeen zeven kilogram negenhonderd (honderd gram dus per levensjaar).'[34]

Het jaar daarna wordt de verjaardag van de oudste medebroeder op een zondag gevierd. Frère Christian stond in voor de feestrede: 'U bent een man boordevol contrasten en naar mijn gevoel is dat zowel uw rijkdom als een les die u ons leert.' De prior verwijst daarbij met name naar het contrast tussen 'pessimisme' en 'vurig vertrouwen in de barmhartigheid dat u doet kijken met de ogen van een kind en dat u zo gevoelig maakt voor menselijke ontreddering. (...) Het lijkt sterk op de contrasterende kleuren van een ondergaande zon. We weten allen dat u daar iedere avond graag naar kijkt. Is dat geen mooie manier om zich op zijn eigen ondergang voor te bereiden?'[35]

Daarna komt frère Luc aan het woord. Hij vertelt over zijn leven... en de achtenveertig jaar die hij in Tibhirine heeft doorgebracht, 'in dat klooster dat toch steeds weerstand is blijven bieden, ondanks veel externe oproer en interne zwakheid en verwarring.' Aan het einde van zijn verhaal vertrouwt de doktermonnik drie wensen toe aan zijn medebroeders voor wanneer het ogenblik van zijn overtocht zou aanbreken. Hij wenst dat men de parabel van de verloren zoon zou voorlezen, dat men het gebed des Heren bij hem zou bidden en dat men hem zo mogelijk een glas champagne zou geven, ter ere van dit feest![36] Aan die drie wensen voegde hij nog een laatste wilsbeschikking toe: dat men hem de stem van Edith Piaf zou laten horen met het lied *Non, je ne regrette rien.*

Ook de volgende dag gaan de feestelijkheden rond de ouderdomsdeken van het klooster voort, nu in aanwezigheid van zijn oude vriend père Carmona en van monseigneur Teissier. Daarna overhandigt de aartsbisschop van Algiers aan de tachtigjarige de biografie van père Lagrange van de hand van Jean Guitton. Enkele uren daarna herneemt frère Luc zijn consultaties, waarbij een patiënt hem het boek *Portrait du père Lagrange* van Jean Guitton schenkt (Robert Laffont, 1992). De patiënt had het in een boekhandel te Oran ontdekt. Die dag luistert men tijdens de maaltijd nu eens niet naar het *Zwanenmeer,* maar weerklinken Chopins *Nocturnes.* Enkele maanden daarna, op 18 oktober, viert men met de dokter het patroonsfeest van Sint-Lucas. 'Een emotievol moment' zo zegt het communiteitsdagboek 'wanneer onze medebroeder aankondigt dat hij voorziet hoe in het refectorium over tien jaar veel volk aan tafel zal zitten, met Bach op het menu!'

Frère Luc komt nogal nors over, provoceert graag, lijkt zelfs ietwat wild, maar soms, wanneer de werkdruk het toelaat, geeft hij toch wel wat van zichzelf bloot. Père Robert Fouquez leefde vele jaren als kluizenaar in het gebergte van Tamesguida. Maar tijdens de islamistische crisis moest hij zijn toevlucht zoeken in de priorij. 'Iedere avond, na het avondmaal en voor de completen, kwam frère Luc bij mij buurten in een klein kamertje. En twintig minuten lang praatten wij over koetjes en kalfjes. Ik heb toen een buitengewoon mens leren kennen, een gevoelig man, buitengewoon gecultiveerd, heel menselijk.'[37]

Die uiterst grote gevoeligheid verstopte frère Luc onder een versleten, opgelapt en verwaarloosd uiterlijk. Hij was altijd gehuld in die eeuwige *gandoura*, liep met gekregen sandalen aan de voet, en hij gaf de kleren die men hem schonk liever weg dan er een kleerklast mee vol te hangen. 'Hij zocht God vanuit de armoede, dat is wat heel zijn leven aantoont,' aldus père Carmona. 'Hij kleedde zich heel eenvoudig. Zo bracht ik hem bijvoorbeeld eens een paar pullovers. Toen ik later terugkwam, zag ik dat ze gedragen werden door mensen van het dorp.'[38] Hij doorzocht de pakken die aangekomen waren voor de armen die hij hielp, en droeg zelf ook die kleren. 'Hij wou er helemaal niet netjes afgeborsteld uitzien... hij wilde geen belangrijk persoon zijn. Dat was de reden voor zijn ogenschijnlijk onbehouwen gedrag en zijn soms grove taal,' onderstreept frère Jean-Pierre. 'Zelfs wij zijn ons pas na zijn dood - toen we zijn briefwisseling met vrienden te zien kregen - bewust geworden van de kwaliteit van zijn innerlijk leven.'

Met de communiteit deelde frère Luc ook de dagelijkse eucharistie - een moment van herbronning en verdieping - die altijd op het middaguur werd gevierd. Behalve op donderdag, dan werd de mis 's avonds opgedragen, wat de weekendgasten toeliet om eraan deel te nemen. Het werk in het dispensarium schortte frère Luc dan op, hij vervoegde zich bij de medebroeders en nam actief deel aan de viering, nu eens als lector, dan als akoliet of wierookdrager, hoewel hij dan niet bij de koormonniken zat maar in de kerk. 'Halverwege de dag liet hij alles in steek voor de eucharistie,' vertelt soeur Anne Geneviève, die regelmatig een paar dagen in het gastenkwartier verbleef. 'Zijn plaats was achteraan in de kapel en hij dompelde zich onder in het gebed. Heel vaak las hij voor, en welk gewicht gaf hij aan het Woord van God! Hij bracht het telkens weer tot leven, maakte het indringend voor ons zoals weinigen dat kunnen.'

Over die intieme zoektocht sprak frère Luc haast nooit. Toch heeft hij er veel sporen van nagelaten, maar diffuus, hier en daar op een bladzijde met ezelsoren. Het zijn teksten die hem voeden, gedachten die hij hun weg laat zoeken: 'Het spiritueel leven is eerder hongeren naar God dan vervuld zijn,' zo schrijft hij op een van de schutbladen vooraan in zijn misboek. Maar die zoektocht onderneemt hij heel bescheiden, tijdens al die lange slapeloze nachten of tijdens korte momenten van meditatie, altijd een beetje op de achtergrond. 'Er schuilde in hem veel kracht en sterkte, overtuigd als hij was van zijn roeping,' zo getuigt zijn overste, dom Jean de la Croix. Binnen de communiteit was hij eigenlijk zeer marginaal, want hij was er de enige lekenbroeder. Hij kwam alleen voor de eucharistie. Hij was zwijgzaam, niemand vermoedde waardoor hij werkelijk gedragen werd: dat diepe gebedsleven. Bidden was zijn eigenlijke ademhalen geworden en de vreugde van zijn hart.'[39]

Door veel te lezen voedde frère Luc al jarenlang zijn innerlijke leven. In zijn missaal had hij ook deze gedachte genoteerd: 'Is het een boek dat mij de kennis zal geven die ik verlang? Is het niet eerder God die in het geheim zijn naam uitspreekt in het hart van wie Hij kiest? Maar zijn al die boeken dan niet nutteloos? Ja, als ze het niet kennen van de liefde verspreiden en staan voor geleerde domheid. Maar ze kunnen ook bepaalde obstakels helpen opruimen en de weg vrijmaken. Lukken ze daarin dan worden ze minder nutteloze dienaars.' Slapeloos en gekweld door astma trachtte hij urenlang lezend de nachten door te komen. Soms gaf een overste hem een boek met de bedoeling dat het onder de maaltijd aan de gemeenschap voorgelezen zou worden. Na een nachtje wakkerliggen, had frère Luc er al een perfecte kritische bespreking van klaar. En dat gebeurde niet eenmaal, maar opeenvolgende oversten kunnen ervan meespreken!

Wat zijn persoonlijke lectuur aangaat, die bestond uiteraard allereerst uit de Bijbel, met een protestantse psalmvertaling waar zijn voorkeur naar uitging. Voorts las hij *De Navolging van Jezus Christus,* maar evengoed Léon Bloy, Céline of de uitslagen van de rugbymatchen. Die laatste las hij wel met vertraging, wanneer de sportkrant *L'Equipe* eindelijk in Tibhirine in de bus viel. Frère Christophe vertelt in zijn dagboek dat frère Luc soms met hem sprak over wat hij gelezen had. Dat ging van Socrates, over Gandhi, tot Jean d'Ormesson, bijzonder eclectische lectuur dus!

Op een los blaadje dat hij in een evangelieboek bewaart, kopieert de dokter allerhande gebeden en gedichten, bijvoorbeeld een passus uit *'Sagesse'* van Verlaine. Er zit ook een gedroogde edelweiss bij die hij van zijn neef heeft gekregen. 'Wanneer ik de heilige Schrift beluister of mij met persoonlijke lectuur bezighoud, is er altijd wel een zin of een woord dat van toepassing is op mijn huidige situatie,' schrijft hij in 1976. Frère Luc houdt ervan de zedenspreuken van de heiligen te lezen, maar evengoed die van moderne auteurs. Zijn boeken en brevier staan vol citaten. Van Jean Anouilh lezen we: 'Per slot van rekening is het enige wat de mens nog van zichzelf redt: een beetje liefde.' En van François Mauriac: 'Te laat? Nee, want dit is het geheim van de genade: het is nooit te laat - de tijd bestaat niet. En alle liefde van alle heiligen is niet meer dan een ademtocht.' Nog een citaat, nu van Léon Bloy: 'Ik herinnerde Jezus aan onze extreme nood, en zei hem: "Geef mij wat u in uw hand houdt." Toen heeft hij zijn hand geopend en ik zag dat die doorboord was!'

De precieze datum waarop frère Luc door die zinnen geraakt werd, valt niet te achterhalen. Maar hij heeft ze bijgehouden, hij verzamelt ze, en zo schetsen ze ons hoe zijn geloof in samenspraak met zijn denken traag en geduldig rijpt. Gandhi heeft dit proces als volgt samengevat: 'Slechts wie duikt in de diepste afgronden van de zee, keert ervan terug met de handen vol parels. Wie er genoegen mee neemt de zee gade te slaan vanaf de kust, die krijgt alleen maar oesterschelpen als beloning.'

Het gebeurde ook dat frère Luc bij zijn medebroeders in het kapittel verslag uitbracht van wat hij gelezen had. Dat deed hij bijvoorbeeld op Allerheiligen 1978 toen hij een toespraakje hield over *La prière du coeur,* een boek van dominee Jacques Serre en theoloog Olivier Clément. De lectuur ervan had hem blij gestemd, want - zo bekende hij toen - het (oudkerkelijke) 'Jezusgebed' dat in dit werk van commentaar werd voorzien, bad hij vaak en met goed gevolg.

Gevoed door veelsoortige lectuur, had hij toch nooit de ambitie om zelf te gaan schrijven: 'Het gaat er in het christelijk leven niet allereerst om over God te schrijven, het gaat er integendeel om dat ieder op zijn eigen manier het gelaat van Jezus openbaart in het leven van iedere dag.' Maar de retraites die in Tibhirine gepreekt worden of de vastenperiodes zijn gunstige momenten voor meditatie, en dat doet frère Luc met de pen in de hand. Hij ziet helemaal niet op tegen dit werk: 'Schrijven is prettig, niet langer jezelf te zijn, maar op stap te gaan doorheen de hele schepping die ter sprake komt,' noteert hij op het schutblad van zijn exemplaar van de *Navolging*. Door welk toeval zijn de vastennotities van 1976 bewaard gebleven? Dag aan dag staan zijn gedachten opgeschreven. Sporen van een geduldige, discrete, onopvallende, geheime ontwikkeling. Vaak zijn die sporen niet meer te zien, maar als dat toch gebeurt, dan raken ze ons. Op 16 maart schrijft hij: 'De dag dat ik met vreugde verdraag dat men over mij zegt: "die man heeft niets bijzonders", de dag dus dat ik werkelijk nederig zal geworden zijn, die dag zal ik God danken omdat zijn desem en zijn kracht het brood des levens voor mij binnen handbereik lijken gebracht te hebben. En die dag zal ik - ook in de eenzaamheid - "de mens voor de anderen" kunnen worden'.

Frère Luc met een vrouw uit het dorp. ‘Het onthaal van de zieken zorgde ervoor dat hij veel mensen kende,’ getuigt mgr. Henri Teissier, aartsbisschop emeritus van Algiers.

Frère Luc met frère Amédée. Frère Amédée kwam ook in 1946 aan in Tibhirine. Hij ontsnapte aan de ontvoering in de nacht van 26 op 27 maart 1996.

Januari 1990: de enkele keren dat hij naar Frankrijk terugkeerde, verbleef frère Luc in het klooster Notre-Dame in Aiguebelle.

HOOFDSTUK 11

De dreiging wordt ernst[40]

Zonder die tragedie zou vrijwel niemand wat vernomen hebben over het leven van frère Luc. De monniken die als martelaars stierven, openbaren ons iets door hun dood en misschien nog het meest door hun leven. Niet de vervolging maakt mensen tot heiligen, maar het persoonlijke antwoord van mannen en vrouwen die totterdood trouw blijven aan de genade die hen steunt in de beproeving. Voor een christelijk klooster dat in moslimgebied lag, was de situatie nimmer eenvoudig. Bovendien werd het bij zijn oprichting gekenmerkt door het koloniale denken en doen. Maar doorheen alle beproevingen en verarming, die ze een halve eeuw lang in Tibhirine ondergingen, lieten de monniken duidelijk blijken hoe onverbrekelijk hun band was met dit land.

Wanneer de politieke omstandigheden opnieuw slechter worden, sluipt onrust in de rangen. Ongerust zijn ze niet zozeer voor zichzelf als wel voor het land. Eind 1989 en begin 1990 schrijft frère Luc in die zin aan correspondenten in Frankrijk: 'Hier is de toestand verward. Waar zal het op uitlopen? (...) Algerije rijdt zich vast in broedertwist en economische ellende. (...) Het einde van de wereld is het wel niet, maar voor mij wordt het weldra toch wel het einde van *deze* wereld. Bid voor mij dat ik de komende wereld mag verwachten in vrede en vertrouwen.' In mei 1991 klinkt zijn toon meer alarmerend: 'Binnen een maand zijn er verkiezingen in Algerije. Ik ben beducht voor het geweld. Die verkiezingen zullen de richting aangeven van Algerije's toekomst. Wat zal die toekomst brengen? Weldra word ik 78 jaar

- vijfenveertig jaar aanwezig in Tibhirine. Dat is weinig en het is ook heel veel.'

De eerste ronde van de verkiezingen wordt door het FIS, (voluit de *Front Islamique du Salut* of Islamitische Heilspartij) gewonnen. Dat beangstigt de regering, die daarom een beroep doet op het leger, wat dan weer leidt tot een enorme chaos in het land. Op de noodtoestand die wordt afgekondigd, antwoorden de monniken met de 'genade van staat' - dat is de formule die de prior hanteert. De broederoorlog die voor de deur staat, zal het land vele jaren in rouw dompelen. Frère Christian legt het uit in een kapittelbijeenkomst in november 1995: 'Wij zijn hier nog altijd, met die genade van staat die ons heeft doen inzien dat onze plaats op dit ogenblik hier is.'[41] Een opmerkelijke en bovennatuurlijke genade, want die heeft de broeders in twee jaren tijd - van Kerstmis 1993 tot maart 1995 - ertoe gebracht om met hart en ziel, voltijds, met al hun geloof binnen te treden in de geschiedenis van een volk en een Kerk die met het teken van Christus getekend zijn.

'Hun immens sterke christelijke trouw,'[42] dat is voor monseigneur Teissier, aartsbisschop van Algiers, wat uiteindelijk overblijft van de boodschap van de broeders van Tibhirine. Trouw aan de Kerk, trouw aan hun monastiek ideaal, maar ook trouw aan de mensen, aan het land en het volk. Maar hoe kon een monastieke communiteit doorgroeien naar die ultieme zelfgave in trouw? Op 1 december 1993 liep het ultimatum af dat de GIA (*Groupe Islamique Armé*) had afgekondigd ten aanzien van alle vreemdelingen. Die kregen een maand de tijd om het land te verlaten, anders bestond het gevaar dat ze gewoon uit de weg geruimd werden. Ondanks die plechtige waarschuwing gaan de monniken door als voorheen. De autoriteiten hebben wel gepoogd een permanente bewaking in het klooster onder te brengen, maar dat wordt categoriek geweigerd. Al op 17 november vermeldt het dagboek van de communiteit: 'Frère Christian wijst deze maatregel van de hand en maakt daarbij de bemerking dat die misplaatst zou zijn en ook weinig in overeenstemming met wat wij eigenlijk wensen, namelijk het contact behouden met een bevolking waarvan we het leven en de gevaren delen.'

Op 7 december wordt in Algiers een Russische vrouw om het leven gebracht: 'Wij, Russische vrouwen, voelden ons niet (door het ultimatum) aangesproken omdat we al lang in Algerije wonen, met Algerijnse mannen gehuwd zijn, en omdat onze kinderen ook Algerijnen zijn,' zegt Tatiana Taileb, een cardiologe uit Médéa. Geschokt hervat ze ondanks alles diezelfde dag nog de consultaties. Frère Luc komt langs: 'Hij kwam binnen, kwam met vlugge stappen naar mij toe en stopte mij een katoenen lapje in mijn hand. Hij zei: "Het is Onze-Lieve-Vrouw, zij zal u beschermen". En hij vertrok meteen. Die Lieve-Vrouw, die blijft sindsdien altijd bij mij.'[43]

Op 15 september verneemt frère Christian via het radionieuws hoe de avond voordien in Tamesguida, niet ver van Tibhirine, een groep Kroatische arbeiders om het leven zijn gebracht. Die avond wordt in het officie psalm 44 gezongen en die krijgt meteen een heel andere kleur:

> Dat alles is ons overkomen,
> ook al zijn wij U niet vergeten,
> al hebben wij uw verbond niet gebroken,
> al liet ons hart U niet in de steek,
> al hebben onze voetstappen uw pad niet verlaten.
> Waar jakhalzen huizen hebt U ons geknecht;
> U hebt ons onder de schaduw van de dood bedolven.

> Zijn wij de naam van onze God dan vergeten?
> Hebben wij onze handen naar vreemde goden uitgestrekt?
> Ach, God moet toch beter weten,
> Hij kent toch de schuilhoeken van ons hart.
> Om Uwentwil doodt men ons de hele dag door;
> wij worden beschouwd als schapen voor de slacht.
> (Psalm 44,18-23)

Een paar dagen later spreken bepaalde broeders openhartig met frère Christian en zeggen hem hoezeer ze getroffen zijn door de psalmen, hoe ze voelen dat ze 'naar het Woord gaan'.

In de communiteit van *Notre-Dame de l'Atlas* was het normaal dat ieder zich op bijeenkomsten van de gemeenschap in volle vrijheid uitsprak.[44] De bijeenkomsten zijn telkens intense momenten van spreken en van luisteren naar elkaar. En het is tijdens die ontmoetingen dat zich stilaan de keuze aftekent om te blijven, ook wanneer dit de dood tot gevolg zou hebben. Het is een keuze die eerst individueel gemaakt wordt, door iedere monnik afzonderlijk. Daarna wordt het ook de keuze van de hele gemeenschap. Doorheen ieders bijdrage tot het gesprek wordt langzamerhand een innerlijke en persoonlijke weg afgelegd. De broeders worden zich ervan bewust dat hun individuele keuze belangrijk is binnen de beslissing die de hele gemeenschap neemt. Want na de moord op de Kroaten leeft in de communiteit veel sterker dan voorheen de vraag of haar aanwezigheid in Tibhirine opportuun is. Het is een langdurig en geduldig op weg gaan met elkaar, waarin ieder ertoe wordt uitgenodigd te delen wat hij ervaart en denkt.

Op 23 december 1993, de avond voor het eerste 'bezoek' van de GIA aan het klooster, komt de communiteit bijeen rond drie vragen. De eerste vraag wordt zo geformuleerd: 'Waarom zouden we op dit moment hier blijven?' Een bepaalde consensus leek zich de voorgaande dagen al af te tekenen. Dat merkt men in de notities van frère Christian: 'We kunnen niet te allen prijze blijven; er kan immers geen sprake zijn van een collectieve zelfmoord. Daarom gaat de voorkeur uit naar de wens om zoveel mogelijk samen te blijven.' Maar het nadenken gaat verder, volgens de inspiratie van de heilige Geest. Frère Paul is de eerste die reageert op de term 'zelfmoord'. Voor hem is het goed wanneer ze 'bereid zijn om hier of op een andere plaats te leven (aan stenen voelt hij zich immers niet gebonden), en bereid om te sterven'. Toch is zijn kijk op de dood niet die van de martelaar: 'Ik denk in het geheel niet dat ik een martelaar zal worden. Als men mij de keel zou oversnijden, dan zal dat in naam van een politiek project zijn, want onze aanwezigheid stoort het voltooien van een politiek project. Kiezen om te blijven is geen zelfmoord, het is veeleer een zelfopoffering.' Tegelijk wil hij zijn keuze ook definiëren als een vorm van 'geweldloos verzet': 'Ik kan ervoor kiezen om door mijn aanwezigheid hier te zeggen dat ik niet akkoord ga met de gewapende troepen. Of die aanwezigheid doeltreffend is? Daarover valt te discussiëren.'

Toch gelooft frère Paul dat die aanwezigheid vruchten zal dragen. Enkele maanden later schrijft hij: 'Wat zal er over enige tijd nog overblijven van de Kerk van Algerije, van haar zichtbaarheid, van haar structuren, van de mensen waaruit zij bestaat? Weinig, naar alle waarschijnlijkheid zelfs heel weinig. En toch geloof ik dat de Blijde Boodschap gezaaid is, dat het graan kiemt (...) De Geest is aan het werk, hij werkt in de diepte van het hart van de mensen. Laten we ons openstellen zodat Hij in ons kan werken door ons gebed en door ons liefdevol samenzijn met al onze broeders.'[45]

Het klooster is gelegen tussen 'de broeders van de vlakte' en 'de broeders van het gebergte' in - anders gezegd tussen de ordetroepen en de gewapende milities. Die aanwezigheid tussen beide groepen in betekent voor frère Jean-Pierre dat men zich aan de grenzen van de Kerk bevindt, maar vooral dat het evangelie tussen beide partijen aanwezig is. Een gezichtspunt dat frère Christophe blijkt te delen, want die herinnert eraan dat 'de reden die de gemeenschap aanzet om te blijven Iemand is, Jezus Christus, die in het hart van de gemeenschap staat en van wie iedere medebroeder een leerling is.' Als antwoord op de vraag naar de zin van hun eventuele dood, ziet frère Christophe het leven: 'Ten einde toe is Jezus een levende geweest. Ons bestaan: dat van monniken. Wij maken nu omstandigheden mee die ons bekeren en dat leidt ons naar de diepste redenen om te blijven, een meer waarachtige en meer onthechte manier van leven.' Wat frère Célestin dan weer opvat als een toekomst vol leven, 'een moment waarin wij opgeroepen worden om elkaar nog meer lief te hebben'.

Tijdens die tragische periode komt de speciale en sterke band weer naar boven die de communiteit met de plaatselijke Kerk verbindt. Frère Michel zegt te willen blijven 'uit trouw aan de Kerk', terwijl anderen zich ongerust maken over de impact van een eventueel vertrek op de andere christelijke communiteiten in het land. Frère Christian heeft het daarna uitgebreid over het vraagstuk van de betekenisvolle *stabilitas* - 'het bestendig verblijf', waartoe men zich heeft verbonden, een kwestie waarover de broeders zullen blijven nadenken. Ook frère Christian komt er in zijn lessen meermaals op terug. Allereerst wat betreft de monastieke 'stabiliteit'. Die behandelt hij aan het einde van zijn commentaar op het vierde hoofdstuk van de regel van Benedictus: 'Ziehier de werkplaats waar we waakzaam leren leven! De 'stabiliteit' is zelfs levend. Ze verwijst naar een levend geheel, de communiteit. Ze is niet onbeweeglijk. Ze is de aanhankelijkheid van het hart die ons *hic et nunc* in de gemeenschap van de heiligen vestigt, op zichtbare wijze en quasi sacramenteel.'[46] Iets verder, in zijn commentaar op de constituties van de orde, zegt hij: 'Het gaat wel degelijk om een stabiliteit van plaats, al lijkt het wel een paradox dat men eerst een plaats kiest en niet zijn medebroeders! Toch gaat dit vrij exemplarisch op voor ieder van ons. Niemand van ons is ingetreden om bij die of die te zijn. Maar de roeping die ons verbindt, laat een ruime interpretatie toe van het begrip 'plaats', zonder dat dit daarom minder te maken heeft met incarnatie. De 'plaats' is ook een Kerk, een volk, een land, een bepaald soort inzaaiing en inworteling.'[47]

Frère Christian vervolgt daarop zijn overwegingen met een reeks hoofdstukken over het charisma van het martelaarschap: 'Het gaat erom stand te houden en wel gezamenlijk: *cum-stare,* zoals de Stad Gods waar alles samen één Lichaam vormt. Daarin klinkt dus een grondtoon door van de stabiliteit die ons op duurzame wijze aan elkaar toevertrouwt: bestendigheid (*constantia*) qua plaats en medebroeders, liefde voor de plaats en liefde voor de medebroeders.'[48] Het betekent stabiliteit in het hart van een Kerk waarvan we weten dat die feitelijk een vreemde is en stabiliteit in een land en bij een volk bij wie we te gast zijn. 'Op deze plaats leven andere inwoners die in het moeilijke leven van elke dag ook onze broeders zijn. Op dit ogenblik en met wederzijdse instemming zijn wij met elkaar verbonden door de hoop op vrede en voorspoed, die de armen uit onze omgeving blijven koesteren voor het hele land. Zij blijven ons een plaats gunnen, wat betekent dat ze zich niet willen herkennen in een Algerije dat de vreemdelingen wegjaagt of in een islam die alle niet-moslims ter dood wil brengen. Onze stabiliteit en de bestendigheid ervan doen recht aan de spontane houding die het merendeel van onze buren aannemen. En het gevaar dat wij lopen is ook een getuigenis (*martyrium*) dat wij afleggen in antwoord op hun afwijzing van geweld en bloedvergieten.'[49]

Die stabiliteit als biddende aanwezigheid heeft zin voor de lokale Kerk en 'is ook van betekenis voor de mensen uit de omgeving. In oorsprong heeft ze zelfs een tegenhanger in de moskee en de *Ribât*. Het gaat om een dubbel teken, subtiel maar reëel, dat geloofd wordt door wie eraan deelneemt.' Die stabiliteit verbindt de broeders met een volk, het volk van de *douars* van Tibhirine: 'Er is ook de materiële ondersteuning die wij aan sommigen trachten te geven. Als ze van ons niets meer mogen verwachten, zullen zij, en zeker de jongeren onder hen, bijzonder zwaar getroffen worden door de komende economische crisis. Zullen de 'anderen' hun hulp bieden? En morele steun? Nu kunnen mensen in vertrouwen iets vertellen. Dan zullen ze in stilte lijden, misschien nog proberen te vluchten, met wanhoop in het hart. Maar een vluchtkans zoals wij hebben zij niet. Wij weten waar we naartoe kunnen en beschikken nog over de vrijheid om te vertrekken.'

Het debat is al tamelijk ver gevorderd wanneer het geweld zich aandient. Het denkproces is nog niet voltooid op het moment dat de broeders in de kerstnacht van 1993 'bezoek krijgen' van een GIA-groep. Zes gewapende mannen dringen het klooster binnen. Ze eisen medische hulp, medicamenten, geld. Eigenlijk trachten ze de broeders te verplichten om met hen samen te werken, om zich in te laten met de gewapende opstand.

Heeft men de noodsituatie voelen aankomen? De avond voordien al discussieerden de broeders over de zin van hun aanwezigheid: 'In kapittel, gemeenschapsvergadering (frère Luc inclusis): uitwisseling over een eerste vraag door frère Christian gesteld aan allen: "Welke redenen hebben we als gemeenschap om op dit ogenblik hier te blijven?" Ieder antwoordt in volle vrijheid. Wat naarboven komt is heel sterk. Door het lange samenleven is de consistentie duidelijk voelbaar. Wij weten dat Jezus bij ons is, in ons midden (...) Merkwaardig dat niemand de mogelijkheid oppert van een nederlaag van de extremisten. We koesteren niet de minste illusie over de middelen om te ontsnappen aan een georganiseerde overval.'[50]

De volgende dag gebeurt het. 'Bij het einde van de maaltijd staan *ze* daar. Met zijn drieën, gewapend, zijn ze zonder omwegen het gastenkwartier binnengedrongen. Ze hebben twee keer aangebeld, maar niemand maakte de deur open. Een van hen is dan maar over de muur geklommen en heeft de anderen binnengelaten.' Die aanval van Kerstmis 1993 is een kapitale gebeurtenis voor de communiteit van Tibhirine. Er is rechtstreeks, frontaal geweld en ongelukkig genoeg is het ook een soort generale repetitie voor de fatale ontvoering van 1996. Het voorval drukt hen radicaal met de neus op de feiten: de monniken worden geconfronteerd met geweld en angst. Het verslag in het dagboek van de communiteit geeft goed aan hoe de medebroeders dit 'bezoek' heel verschillend ervaren. De *jihadi's* geven frère Célestin dreigend het bevel om de medebroeders bijeen te brengen. Frère Philippe en Christophe worden niet opgemerkt en kunnen zich haastig in de kelder verstoppen, in vaten die vroeger dienden voor de wijnproductie. Ze blijven daar tot ze de klokken horen luiden voor het nachtofficie dat omwille van Kerstmis vervroegd is naar 22.45 uur. Frère Amédée slaagt erin er stiekem vandoor te gaan en Christian de Chergé komt om te onderhandelen. En frère Luc... die slaapt!

Het wordt een gespierde discussie met de 'broeders van de bergen'. Frère Christian zegt al meteen dat men een klooster niet in volle wapenrusting binnenstapt, want: 'Dit is een huis van vrede. Nooit is hier iemand met wapens binnengekomen. Wil u met ons discussiëren, kom dan binnen, maar laat uw wapens buiten. Is dat niet mogelijk, laten we dan buiten het klooster met elkaar onderhandelen.' Daarop wordt de woordenwisseling buiten voortgezet. Er worden drie eisen gesteld: geld, geneesmiddelen en nog maar eens frère Luc, om de gewonden te verzorgen. Frère Christian wijst kalm en vastberaden de eisen van de islamisten af: 'Wij zijn niet rijk. Wij werken om ons dagelijks brood te verdienen. En frère Luc de bergen in sturen, dat is niet te doen, gezien zijn gevorderde leeftijd en vooral zijn astma. De zieken of gekwetsten die naar het dispensarium komen, die kan hij wel verzorgen. Dat is geen probleem.'

'Jullie hebben geen keuze,' zou Sayat Attiya, de leider van de terroristen, hem geantwoord hebben. Maar als vrij mens antwoordt de prior, zonder te verpinken: 'Jawel, we hebben wel een keuze'. Een woordenwisseling waarin een echo doorklinkt van de dialoog die Etty Hillesum bedacht tussen martelaar en beul: 'Weet je dat ik de macht heb om jou te doden?' zegt de ene. En het slachtoffer antwoordt: 'Weet u dat ik de macht bezit om gedood te worden?'

Christian de Chergé merkt dan op dat het kerstnacht is en dat zij zich klaarmaken om het feest van de 'prins van de vrede' te vieren. 'Sorry, dat was ons niet bekend,' krijgt hij van de verzetsman te horen, voor het groepje in de zwarte nacht verdwijnt. 'Wanneer het onderhoud van de leider met Christian voorbij was, schudden ze ons de hand en trokken zich terug,' herinnert frère Jean-Pierre zich. 'Sommigen onder ons vonden dat gênant omwille van de gedachte dat die handen misschien wel onze broers de Kroaten de keel hadden overgesneden. We hadden het warm gekregen. Frère Luc sliep vredig op zijn kamer en wist nergens van.'[51]

Eens het gevaar voorbij, gaat frère Amédée naar frère Luc: 'Ik klop discreet aan zijn deur, hij is wakker en antwoordt me met zware, ietwat geïrriteerde stem: "Wat nu weer?" Ik ga zachtjes de kamer in en breng hem op de hoogte over dat onrustwekkende bezoek dat net op een sisser is afgelopen. (...) Frère Luc haalt zoals gewoonlijk de schouders op, het lijkt of het hem niets doet... uiterlijk dan!' En frère Jean-Pierre eindigt als volgt: 'De liturgie van de kerstnacht had plaats op het uur en in de vorm die we vooraf hadden vastgesteld. Maar het kon niet anders of het klimaat van ons gebed werd heel diep getekend door wat zojuist had plaatsgevonden.'[52]

Frère Luc woonde 50 jaar
in het klooster van Tibhirine
in Algerije.

HOOFDSTUK 12

Kiezen om te blijven

Op zondag 26 december 1993 roept de prior de medebroeders bijeen. 'Van dat ogenblik af', zegt frère Jean-Pierre later, 'voelde ik hoe frère Christian voortdurend bezorgd was om de dialoog gaande te houden. Daarbij betoonde hij veel respect voor het standpunt van elke medebroeder, want hij wou ieders mening kennen om zich geheel open te stellen voor het spreken van de heilige Geest.' Tijdens die vergadering pogen de broeders een gezamenlijk antwoord te formuleren op de drie eisen vanwege de GIA, want die groep zou wellicht weldra opnieuw langskomen. Geeft men toe, dan brengt men de communiteit in een moeilijke positie. Verzet men zich, dan stelt men zich nog meer bloot aan het gevaar. Heel spoedig blijkt ook dat het antwoord de Kerk van Algerije in haar geheel raakt. Dus past het samen met de leiding van de Kerk de situatie te onderzoeken en een beslissing te nemen. Het groepsgesprek gaat allereerst over het morele aspect van de vraag om geld. Uit de interventie van frère Paul kan het antwoord makkelijk afgeleid worden: 'Ik kan maar moeilijk een beweging zoals deze (GIA) steunen, dat gaat in tegen het diepste in mij. Dan verlies ik de waarden waaraan ik hecht, word ik iemand anders. Wat zou mijn getuigenis dan nog waard zijn?'

Wat de medische hulp daarentegen betreft, opteren de broeders ervoor om gunstig te reageren. Daarmee stemmen zij zich af op het antwoord van frère Luc zelf: 'Mijn hele leven heb ik medische zorg verleend aan alle slag mensen - nazi's incluis - zelfs aan de duivel! Het maquis ingaan? Ik leg hun mijn fysieke beperking wel uit. Hen hier verzorgen? Dat zal ik voor ze doen. Maar geld geven, dat is jezelf op glad ijs wagen, geen rooie duit moet je ze geven.'

De vraag blijft dus onbeantwoord. Als het uitgesloten is om geld te geven, dan is het logische gevolg dat je het risico loopt te moeten vertrekken. En men voelt aan dat dit vertrek voorgoed zou kunnen zijn. Tenzij men een weg vindt om toch de band met Algerije en met de Kerk daar te behouden. Hoe kan men op een andere manier de roeping van het klooster van Tibhirine beleven in het hart van die Kerk? Waar kun je naartoe om daaraan trouw te zijn en die trouw tot uitdrukking te blijven brengen? Volgens frère Christophe kan dit misschien een mooie kans zijn om zich los te maken van al te zware structuren - en hij vermeldt in dit verband de ruime gebouwen. Twee andere broeders van hun kant stellen voor dat de communiteit het voortouw zou nemen in de discussie met de leider van de GIAgroep, om zo de reden voor de weigering - de neutrale opstelling van het klooster in het conflict – uit te leggen. De broeders zoeken naar een uitweg, want allen zijn ze ervan overtuigd dat ze, als ze blijven en de drie eisen gewoon van de hand wijzen, afstevenen op een individueel of collectief bloedbad. Hun aanwezigheid in de toekomst wordt hachelijk. Op het einde van de vergadering zegt frère Luc onder vier ogen tegen frère Christian: 'Wat een pantoffelhelden! Natuurlijk moeten we hier niet meteen weg! Laten we afwachten wat er komt.'

De volgende dag na de lauden wil frère Christian monseigneur Teissier opzoeken bij Gilles Nicolas in Médéa. Maar voor hij vertrekt heeft hij een opdracht voor iedere medebroeder afzonderlijk. Ieder moet zich in gemoede afvragen wat hem gewetensrust schenkt en omgekeerd wat juist zijn onrust aanwakkert. En de prior vraagt dat men zich klaarhoudt om het resultaat van dat gewetensonderzoek mee te delen. Op 27 december komt monseigneur Teissier tegen de middag aan bij het klooster. Hij gaat voor in de eucharistie en ontmoet na het middagmaal de hele communiteit. Frère Christian rapporteert in zijn notities een paar van zijn uitspraken: 'Wij leven allen onder een algemene dreiging. Wij moeten onder de bedreigingen pogen uit te komen, want ze werken verdeeldheid in de hand. Telkens als er martelaars vallen, zijn er ook misdadigers. Welnu, wij zijn hier om te getuigen van vrede, van verzoening. Maar wanneer de dreiging wordt uitgevoerd, dan is dat een misdaad (...) We moeten de toekomst voorbereiden, maar hoe? Ieder van ons moet proberen stand te houden tot op het moment dat hij denkt dat de dreiging zal uitgevoerd worden. Wat dus betekent: een deel van het risico op zich nemen, met name dat deel dat een weg baant naar een zekere toekomst. Moet je dan, om die dreiging te vermijden, binnen de achtenveertig uur weggaan? Dat zou zware gevolgen met zich meebrengen. Het zou de toekomst compromitteren, risico op onmiddellijke plundering in de hand werken, de omgeving in verlegenheid brengen. Daarom moet men een progressieve ontruiming voorzien, twee of drie broeders om gezondheidsredenen wegsturen, en aan de christelijke gemeenschap aankondigen dat u niemand meer kan ontvangen.'

Nadat monseigneur Teissier aldus zijn aanvoelen aan de hele communiteit heeft meegedeeld, herinnert hij de broeders eraan dat zij vrij zijn in hun beslissing, maar wijst hen daarbij tegelijk op hun binnenkerkelijke verantwoordelijkheid. Achteraf noteert frère Christophe hierover in zijn dagboek: 'Wij luisteren als één man. Henri Teissier is gisteren van uwentwege ons komen toespreken. Toen hij wegging liet hij ons de vrijheid om te kiezen voor het (zichzelf weg)geven in gemeenschap met de Kerk.' Het dagboek van de communiteit rapporteert dat frère Christian daarna iedere broeder individueel ontvangt. Hij nodigt elk uit om te reageren op wat hij in de loop van de laatste twee dagen heeft meegemaakt en om uit te spreken welke weg hij zich in geweten geroepen voelt om in te slaan.

Na verloop van tijd is een nieuwe zekerheid bij ieder van hen gegroeid: we moeten blijven, ook als die stabiliteit tot de dood kan leiden. Frère Jean-Pierre zal het later zo uitdrukken: 'Wij wensten de dood geenszins, maar wilden paraat zijn voor het geval ze ons zou overvallen. We kenden het gevaar. Kiezen om te blijven was een optie nemen op eventueel vermoord worden; het was kiezen om blootgesteld te worden aan de dood. Wij waren bereid om te sterven, maar zonder dat we onszelf verboden te beleven wat er te beleven viel, zonder te provoceren.'

Dat 'ja' dat geboren is in ieders hart, wordt uitgesproken in de individuele gesprekken die frère Christian met elk van hen op 27 december houdt en waar hij in zijn notities fragmenten van optekent:

Frère Luc: We moeten niet meteen weggaan.

Frère Jean-Pierre: Ik heb geen vrede met het idee dat we weg zouden gaan. Ik wil liever bij de gedachte blijven dat onze missie hier niet afgelopen is. 'Vlug ervandoor gaan' is niet gezond, want het is toch niet ons eigen belang dat we hier nastreven.

Frère Christophe: Wat me hier houdt? Het monastieke leven, ik kijk ernaar uit om dat in vrede te beleven (...) Ik kan leven met de gedachte dat we vermijden weg te gaan op voorwaarde van een meer vredevol gemeenschapsleven.

Frère Amédée: Ik zie me morgen niet vertrekken. Een globaal vertrek zou grote gevolgen hebben voor de Kerk, voor de omgeving. Het zou werkelijk een grote schok geven, met het risico dat een terugkeer nadien niet meer mogelijk is.

Frère Célestin: Met z'n allen weggaan, dat zou ons pas in een lastig parket brengen. Zelf ben ik niet bereid om te vertrekken. Ik vind dat onmogelijk tegenover de Kerk en de omgeving.

Frère Michel: Ik heb de hele morgen gebeden terwijl ik keukendienst had. 'Kom, laten we met Hem sterven!' De leerling is niet belangrijker dan zijn heer (...) Dit is niet het moment waarop ik wil vertrekken.

Frère Paul: Ofwel vertrekken we, ofwel bieden we hun het hoofd, zonder te betalen.

De dood van Christus lijkt dus voor hen de maat, het enige criterium waaraan de liefde en de waarheid afgemeten kunnen worden: 'Geen groter liefde bestaat er...' In zijn homilie voor witte donderdag 1994, met als titel *Le martyre de la charité* - 'Het bloedgetuigenis van de liefde'- definieert frère Christian als volgt wat die maat voor de communiteit inhoudt: 'Je leven geven uit liefde voor God, bij voorbaat, onvoorwaardelijk, dat is wat wij gedaan hebben... of toch minstens wat we dachten te doen. Waarom of hoe, dat hebben we toen niet gevraagd. We lieten het aan God over waarvoor Hij die gave zou gebruiken, wat de bestemming ervan zou worden dag na dag, tot op het laatst (...) We worden hier teruggeleid naar het getuigenis van Jezus, naar zijn martelaarschap: Er is geen grotere liefde dan je leven te geven voor je vrienden. (Joh15,13)'.[53]

Niets anders zochten de broeders dan te begrijpen wat Gods wil betekende voor hun eigen leven en voor dat van hun communiteit. 'Uw wil geschiede'. Ze ervaren hun leven niet als een tocht om de wereld te veroveren, maar veeleer als een voetreis naar de dood. Maar ook als de perfecte uitdrukking van hun roeping. Korte tijd na de inval van de islamisten schrijft Christian de Chergé een brief aan hun hoofdman Sayat Attiya, met wie in de kerstnacht een begin van dialoog tot stand leek te komen. In die nooit verzonden brief haalt hij de figuur aan van frère Luc: 'U legde sterk de nadruk op uw vredelievende bedoelingen. Ik wil u geloven. Wij zelf zouden niets liever willen dan dat onze communiteit niet meer zou zijn dan dat: een beeld van vrede. Naar het voorbeeld van onze broeder-dokter die sinds bijna vijftig jaar altijd dienstbaar wilde zijn voor iedereen, dag en nacht, zelfs vandaag, en dat ondanks zijn gevorderde leeftijd en zijn wankele gezondheid.'

Hun roeping betekende voor de monniken impliciet een keuze voor de dood, in het besef dat daarin het getuigenis lag dat de Heer van hen vroeg. Het is de vaststelling die frère Luc al gemaakt had vóór het 'bezoek' van de islamisten, in een brief van 17 november 1993: 'De toestand is onrustwekkend, misschien wordt hij in de toekomst zelfs gevaarlijk. Sterven zou gelijkstaan met getuigen dat God absoluut is.' In april 1994 bevestigt hij de keuze die de communiteit heeft gemaakt: 'Hier heerst verwarring en geweld. Wij bevinden ons in een riskante situatie, maar we blijven volharden in het geloof en Godsvertrouwen. Wij zijn onderweg met de Heer. Hij wijst ons de weg, het is doorheen de armoede, de tegenslagen en de dood dat wij naar God gaan.'

De bedreigingen behouden evenwel hun volle kracht. Op 13 september 1994 dringen er halfweg de voormiddag 'drie van de bergen' - zo worden ze beschreven in het communiteitsdagboek - in het slot binnen en ze duiken op in de keuken. 'Ze maken zich bekend en vragen naar frère Luc. Die ontvangt hen en dient een van hen medische zorgen toe. Op de middag zijn ze daar opnieuw, nu met een nog ernstiger gekwetste (...) Emotie, kalmte en humor. Ze vertrekken met hun rijdier - een ezeltje waarop ze de gekwetste geladen hebben.' 30 september brengt eenzelfde verrassing: rond half acht 's avonds staan plots drie mannen voor de deur. Ze willen telefoneren. 'Frère Luc wordt geraadpleegd voor een geval van griep, door de leider van de groep, die zichtbaar last heeft van een verwonding. Er wordt lang geprobeerd om verbinding te krijgen, maar het leidt tot niets; wat over en weer gepraat over het kloosterleven, een paar opmerkingen, dan weer stiltes. Er hangt onweer in de lucht, en dat verstoort grotendeels het telefoongesprek. Het onweer barst los rond 20 uur 45, op het ogenblik dat het trio weer te voet zijn weg vervolgt, de duistere nacht in. Het is tijd voor het avondangelus.'

Er volgen meerdere 'bezoeken', iedere keer een bron van ongerustheid. Nog altijd in 1994 komen de broeders uit de bergen langs op 12, 18 en 23 november. De maanden gaan voorbij en iedere keer wakkert het geweld dat die invallen met zich meebrengen het engagement van de trappisten opnieuw aan. Daaraan herinnert frère Christian in de loop van een kapittelvergadering in januari 1996: 'Wij zijn echt monnik wanneer we hetzelfde kerstmysterie hier blijven beleven, van God die leeft onder de mensen en die zich aldus van in de wieg blootstelt aan de moord op de onschuldige kinderen.'[54] Nog in februari 1996, enkele weken voor de ontvoering, luidt het als volgt: 'Onze dood zit al vervat in ons offer, in onze zelfgave en dus behoort ons sterven ons niet toe. We mogen dus de dood niet zoeken, tenzij dat gebeurt in dezelfde evangelische sfeer als het geval is met al die andere momenten die wij aan God opdragen in de schoot van deze monastieke communiteit. Wij allen zijn trouwens op leven en dood aan die communiteit gebonden door liefde, of anders gezegd: voor het beste en voor wat het minder goede overstijgt.'[55]

Het jawoord van de broeders toont aan wat de diepste laag is van het bestaan van elke christen: je leven geven als dank aan Hem die het heeft geschonken, aan Hem die redt. Frère Luc heeft het daarover in een brief van januari 1994: 'Zolang wij van ons leven een doel op zich maken, blijft er geen enkele reden over waarom je zou leven, want met de dood houdt alles op. Het is in Christus dat wij de diepe zin van ons leven ontdekken. Wat God ons vraagt is dat wij in Hem en Christus ons vertrouwen zouden stellen.'

Het is een 'ja' aan het martelaarschap, wat niet in de eerste plaats een bloedig levenseinde hoeft te betekenen, maar wat verwijst naar het zichzelf wegschenken aan God door in volle vrijheid zijn liefde te beamen. 'Het lijkt me dat tot ons vandaag een bijzonder sterke oproep gedaan wordt voor dit voor ons voorbestemde 'martelaarschap', dat van de hoop,' schrijft frère Christian. 'O, het is geen glorieus, geen schitterend martelaarschap. Het past zich precies aan alle dimensies van het dagelijkse leven aan. Het bepaalt trouwens van oudsher de monastieke levensstaat: stap voor stap, druppel na druppel, woord voor woord, schouder aan schouder... en het is precies dat waarmee je in het reguliere leven, iedere morgen, zelfs 's nachts, altijd weer aan de slag moet. Het is ook wat je moet blijven herkauwen, corrigeren, onderscheiden, verwachten vooral (...) En ons eigen 'Galilea', de plaats waar we ervoor gekozen hebben om Hem te volgen, want voortaan gaat Hij ons altijd voor, is dit land van Algerije vandaag, dat een paaskarakter heeft. Alleen de hoop kan ons hier op onze plaats houden.'[56]

HOOFDSTUK 13

Trouw blijven

Het zijn pijnlijke jaren en de hele tijd draagt generaal-abt dom Bernardo Olivera de zorg voor de communiteit van de Atlas. Zijn briefwisseling met frère Christian is daarvan de stille getuige. Beiden ontmoeten elkaar in maart 1994, in de Franse abdij Timadeuc. Ze praten er over de toestand van de Atlascommuniteit en over de keuzes die zich aankondigen. Tijdens het onderhoud zegt dom Bernardo aan frère Christian: 'Onze orde heeft geen martelaars nodig, maar monniken.' De prior van Tibhirine luistert aandachtig, maar antwoordt niet meteen. 'Toen keek hij me aan,' herinnert de generaal-abt zich, en hij zei: 'Dat is wel niet onverenigbaar'.[57]

Terug in Tibhirine vertelt frère Christian de medebroeders over zijn gesprek.

Vanaf november 1995 organiseert hij een reeks kapittelvergaderingen over het charisma van de martelaar, over de plaats van het paasmysterie van leven en dood. Tweemaal komt hij daarbij terug op die uitspraak: 'Jullie weten wat onze generaal-abt in februari van vorig jaar in Timadeuc gezegd heeft. Toen ik hem om raad vroeg tegen de achtergrond van wat ons was overkomen, zei hij: "De orde heeft meer nood aan monniken dan aan martelaars. Daarom moeten jullie alles doen wat je kan om een drama te vermijden, want daarmee zou niemand gediend zijn." Daarmee trad hij overigens in het spoor van de mening van onze bisschop na de inval met Kerstmis: "Het zou voor iedereen een verschrikkelijke klap zijn als jullie hetzelfde lot beschoren was als de Kroaten. We mogen ons daaraan niet blootstellen." Die twee gelijklopende reacties drukken, zo geloof ik, een diepe waarheid uit, die bovendien heel traditioneel is in de Kerk: men heeft niet het recht om de dood uit te lokken, en dat geldt ook voor de marteldood. Je gaat in de fout als je een medemens verleidt tot moord en doodslag door hem rechtstreeks uit te dagen op zijn eigen terrein, waar de verblinding van het moment hem vasthoudt. Evengoed wil dit niet zeggen dat men van dat terrein moet weglopen en desertie plegen.'[58]

Even later, op 4 januari 1996, zegt hij: 'Met een boutade zei onze generaal-abt dat onze orde meer nood heeft aan monniken dan aan martelaars. Daarop moeten we dus antwoorden dat wij echte monniken zijn wanneer we hier het kerstmysterie blijven beleven, het mysterie van God die leeft onder de mensen en zich zo van in de wieg blootstelt aan de moord op de onschuldige kinderen. Zelfs vóór Jezus stierf op het Kruis werden reeds massa's onschuldigen vermoord en sinds zijn kruisdood zijn rondom ons eveneens massa's mensen onschuldig omgebracht. Wij mogen nooit vergeten dat het in die liturgische context is, namelijk tussen 14 en 24 december, dat wij rechtstreeks geconfronteerd werden met het grote ongeluk dat het land vandaag treft.'[59]

Van 24 december 1993 tot 27 maart 1996, de dag waarop de inval plaatsheeft, beleven de monniken van de Atlas hun roeping maximaal, in solidariteit met al wie God hun gaf om als broers lief te hebben. Dat maximale werd mogelijk omdat die kerstnacht van 1993 een fundamentele ervaring was die ieders leven sterk tekende. Frère Christian beschrijft het twee jaar later: 'Wij voelden ons door alles wat met ons gebeurde, uitgenodigd om "geboren te worden". Het leven van een mens gaat van geboorte tot geboorte. (...) In ons leven is er altijd een kind dat ter wereld gebracht moet worden - het Godskind dat wij zijn.'[60]

In zijn brief aan dom Bernardo Olivera van 5 januari 1994 brengt frère Christian verslag uit van de toestand: 'Na het 'bezoek' met Kerstmis ontstond er onmiddellijk toch wel een soort vluchtreactie, wat overigens volkomen begrijpelijk is. Misschien was ik wel het best geplaatst om te beseffen dat zo we gevaar liepen, die dreiging dan allereerst op mij viel. Ik meen niet dat de communiteit in haar geheel op korte termijn het risico loopt om het wrede lot van onze vrienden uit Tamesguida te ondergaan. Maar hoe zouden we hun beeld uit onze gedachten kunnen wissen? (...) Als gemeenschap hebben we vooral telkens weer een diepe *communio* ervaren. De woorden van het gebed en de gewone zaken van het leven volgens de Regel ontvangen we in ons hart als een waarachtig geschenk van Godswege dat ons voorhoudt wat er hier en nu "gezegd en gedaan" moet worden.'

De beslissing was gevallen: de monniken zouden blijven. Maar frère Célestin en frère Paul verhuizen wegens hun zwakke gezondheid begin 1994 een tijdje naar Frankrijk. Frère Célestin lijkt diep gekwetst door die maatregel en geeft duidelijk te kennen dat hij met zijn hart is bij wat de communiteit nu doormaakt: 'Hoe kan dat nu: jullie hier laten blijven terwijl wij zo veraf zijn?' Hun vertrek herleidt de gemeenschap tot nog slechts zes leden. Frère Philippe studeert één week op twee in Algiers. In de loop van de communiteitsbijeenkomst van 16 januari 1994 bekijkt frère Christian met de medebroeders de nieuwe situatie: 'Nu zijn we maar met een beperkte gemeenschap. We voelen goed welke plaats de afwezigen innamen: we zien het zeker aan de taken, die we gedaan krijgen door veel vervangingen en door de lasten anders te verdelen, wat vermoeiender is, ook al omdat we het niet gewoon zijn. Maar we zien het ook aan de onderlinge verhoudingen. Er zijn minder tussenschakels. We moeten een nieuw evenwicht vinden. Ieder zit de anderen wat dichter op de huid. Er valt niet of nauwelijks aan te ontkomen, tenzij we het risico willen lopen ons voor elkaar af te sluiten en op onszelf te blijven, wat in een groot huis altijd kan. Maar dat zou de gemeenschap vernietigen en ons duidelijk voornemen ondermijnen, terwijl net dat voornemen ons hier en nu samen doet blijven ondanks de tegelijk vage en toch voelbare dreiging.'

De broeders zijn zich ervan bewust dat door zo samen te leven, met een gereduceerd aantal, ieders tekortkomingen nog meer zichtbaar worden. Ze wegen ook zwaarder door, wat het risico inhoudt dat men de rest niet meer ziet, wat eigenlijk grondig onrechtvaardig zou zijn. Ze beseffen ook dat er wel wat 'mist aan de ziel' hangt omdat iedereen zich vanalles verbeeldt en omdat de keuze om te blijven ook inhoudt dat men nog meer afgezonderd moet leven dan voorheen. Gesprekken onder vier ogen, groepsgesprekken, broederlijke steun, het worden belangrijke hulpmiddelen die de gemeenschap zullen samenhouden en hecht aaneen doen groeien. De broeders maken meer werk van het luisteren naar elkaar en ze zullen ook onderling hun verschillende standpunten aftoetsen. Ongetwijfeld wordt dit een gelegenheid waar men zich vormt om moedig te zijn, door lucide de persoonlijke situatie en die van de veiligheid van het klooster onder ogen te nemen.

Bezorgd om de dag aan dag doorleefde, diepe broederlijke *communio*, buigen de broeders zich na twee maanden wederom over de gebeurtenissen van Kerstmis 1993 en hoe ieder die heeft aangevoeld als een oproep. De herinterpretatie vanuit de gemeenschap begint zich af te tekenen: 'De veldbloemen veranderen niet van standplaats om de stralen van de zon op te zoeken. God zorgt er wel voor dat ze gedijen waar ze staan.'[61] Met dat zinnetje vangt frère Christophe het groepsgesprek aan en mag hij doorgaan. Hij wijst erop welke diepe genade het was die ze met Kerstmis hebben ervaren. Een genadevol gebeuren waarvan hij de betekenis blijft zoeken. Want hij merkt hoezeer de tijd is opgedeeld in een 'ervoor' en een 'erna'. Het gebeuren met Kerstmis was een geboorte en een oproep om binnen te gaan in 'het leven te Nazareth'. In diezelfde groepsontmoeting van 28 februari 1994 doet frère Christian samen met zijn medebroeders een hele reeks vaststellingen: 'Persoonlijk hebben de ontmoetingen die ik heb meegemaakt, mij heel sterk getekend... Van man tot man mogen praten met de *wali,* met de hoofdman: een gevoel van Kracht. De heilige Geest aan zet laten, zich totaal machteloos opstellen, zonder voorafgaand argument. Het gevoel dat ik gebruikt ben zoals ik ben: zonder omwegen, met de neiging om neen te zeggen. Ik beschouw het als een genade Gods dat ik ertoe gebracht ben tegen iedereen hetzelfde te zeggen: geen wapens, verbondenheid met de plaats, weerstand tegen ongepaste voorstellen.'

In de toestand van ontbering en verlatenheid waarin de communiteit terecht gekomen is, dringt zich aan de broeders met nieuwe nadruk iets op wat tot de kern van het monastieke leven behoort. Hun gebedsleven, zowel persoonlijk als communitair, en de andere eisen van dagelijkse dienstbaarheid worden voortdurend geprikkeld. In deze voortdurende onzekerheid, denkt frère Luc onvermijdelijk terug aan de woorden van Léon Bloy die hij in zijn Johannesevangelie heeft overgeschreven: 'Het leven bestaat uit achtereenvolgende nu-momenten'.

Op 8 mei 1994 worden frère Henri Vergès, een marist en soeur Paule Hélène, een *petite soeur de l'Assomption*, in Algiers omgebracht. Die dubbele moord leidt tot een vlugge reactie van de *wali* van Médéa. Hij roept frère Christian bij zich en doet hem opnieuw een aantal voorstellen om de veiligheid van het klooster te verbeteren. Op 21 mei 1994 schrijft frère Christian aan de *wali* een door de gemeenschap voorbereide brief. Hij herhaalt daarin dat ze die maatregelen afwijzen en tracht uit te leggen welke betekenis hun aanwezigheid voor de monniken heeft. 'Hoe kunnen we aanvaarden die weg te gaan (veiligheidsmaatregelen) zonder dat we een nog groter gevaar lopen, namelijk dat de betekenis verloren gaat van wat we proberen te zijn? Op dit ogenblik lijken we het veiligst als we blijven waar we zijn, zonder op te vallen en zonder wapens, zoals onze buren. Wij zijn ervan overtuigd dat het belangrijk is in Algerije, zoals vandaag overal ter wereld, samen te leven en elkaar te aanvaarden ondanks onze verschillen, opdat we zo elkaar wederzijds zouden verrijken. In de taal van het geloof betekent dit: het plan van God dienen. Als dit plan slechts tenvolle aan het licht komt na de dood, is het dan niet geoorloofd er je leven aan te wijden? En daar hoort de dood bij..'

In een volgende brief aan een monnik, gedateerd op 25 mei 1994, heeft frère Luc het op zijn beurt over de moordaanslag in Algiers en over het vooruitzicht van een nakende dood: 'Bedankt om ons in gedachten te volgen, te midden van de gebeurtenissen van Algerije. Een religieuze en een religieus werden vermoord. Het geweld houdt maar niet op. Wij zitten als vogels op een tak, klaar om weg te vliegen naar een andere hemel! Een nieuwe hemel en een nieuwe aarde. God gaat met ons mee, waar wij ook gaan, waar wij ook zijn. God is niet tegen ons maar met ons. We zullen geen schrik hebben wanneer we - nog helemaal ondergedompeld in onze aardse beslommeringen - deze planeet verlaten. Want eens voorbij de angstwekkende drempel van de dood zullen we Christus aantreffen, die ons in het huis van de Vader zal binnenleiden.'

Op het einde van juni 1994 wordt de nuntius er door de *wali* van Médéa over geïnformeerd dat de communiteit van Tibhirine herhaaldelijk eventuele veiligheidsmaatregelen heeft afgewezen. Hij schrijft daarop een lange brief aan frère Christian. Het geschetste tafereel is weinig bemoedigend: de Kerk van Algerije heeft menselijk gezien in de nabije toekomst vrijwel geen groeikansen. In de buurt van het klooster wonen geen christenen. Het is daar ook nog maar relatief recent gevestigd. De meeste broeders zijn bejaard en men kan zich niet voorstellen dat er in die afgelegen bergstreek spoedig aflossing zal komen. De monastieke roeping brengt bepaalde voorwaarden met zich, met name een sfeer en omgeving van vrede en bezinning, bevorderlijk voor een leven van contemplatie en eenheid met God. Daarom suggereert de nuntius de overbrenging van de Atlascommuniteit naar Algiers, op het domein en in de residentie van de apostolische nuntiatuur. Ten slotte volgen nog een aantal andere argumenten die moeten aantonen dat een monastieke aanwezigheid in Algiers gegrond is.

Père Amédée noteert met humor dat het dus mogelijk is om over een optrekje in Algiers te beschikken, maar hij vindt vooral dat de nuntius nogal licht over de zesenvijftig jaar aanwezigheid van de communiteit in Tibhirine heengaat en dat hij zo de sterke momenten die ze beleefd hebben, met name tijdens de onafhankelijkheidsoorlog, al te gemakkelijk onder de mat veegt. Wat het actuele klimaat betreft, dat acht père Amédée niet slechter dan dat tijdens de oorlog. Voor frère Luc is de hamvraag of men elders veiliger zou zitten. Hij gelooft daar in ieder geval niet echt in. De oplossing blijft naar zijn oordeel dat ze ter plaatse blijven: 'Als we hier weggaan, dan keer ik meteen naar Aiguebelle terug. Hergroeperen we ons op een andere plaats, dan zal het voor een islamistische regering veel gemakkelijker zijn om ons uit het land te zetten.' Frère Luc voorziet met andere woorden dus een overwinning van de islamisten in Algerije, wat hem echter helemaal niet verhindert om bij zijn keuze voor het 'hier en nu' te blijven.

De broeders zijn zich ervan bewust dat het nodig is overleg te plegen met de Kerk van Algerije als geheel. Maar ze blijven er innig van overtuigd dat ze geroepen zijn om in Tibhirine te blijven, bij hun Algerijnse 'broers'. Dat is wat frère Christian neerschrijft in zijn dagboek van 2 juli: 'Brief van de nuntius die onze overstap naar de nuntiatuur organiseert... Ik kan ons nergens anders indenken dan hier. Vandaag is dit de plaats die Gij ons aanwijst: laten we gaan! Sinds Kerstmis zijn we onderweg: vrij om hier te zijn tot het bewijs van het tegendeel. Moet je op tegenspoed vooruitlopen? Wij zijn misschien nog ver verwijderd van de 'Plaats van Leven', van de 'Heilige Plaats'... van het Kruis, waar uiteindelijk het eeuwige *ik heb je lief* (open naar alle mensen) zich stelt. Onze buren kunnen zich niet indenken dat wij op een andere plaats zouden zijn dan hier, met hen. Samen met hen is het dat we onze monastieke roeping horen te beleven en dat we als leerlingen hier een armzalig en onvolmaakt antwoord kunnen neerschrijven: als Kerk - levend'.[62]

Men kan zich goed voorstellen hoezeer het klimaat van wederzijdse openheid gegroeid is onder de broeders, een klimaat dat zo typisch is voor een monastieke communiteit en dat een van de vruchten is van de broederlijke liefde. Die eenheid is tot stand gekomen rond een gemeenschappelijke doelstelling die de broeders, beetje bij beetje, samen hebben geformuleerd. Dat legt frère Christian uit wanneer hij de nuntius ziet en hij schrijft het later, op 8 juli, ook in een brief: 'Ongewone levensomstandigheden houden voor een cisterciënzercommuniteit, die eerder traditioneel van inslag is en gehecht aan haar huidige standplaats, het gevaar in de echte eenheid onder elkaar te schaden. En is die eenheid de laatste maanden niet onze echte kracht geweest? (...) Suggereren dat we in Algiers nuttiger of meer vruchtbaar zouden zijn, staat dat niet gelijk met het binnenbrengen van al te menselijke argumenten in de interpretatie van een roeping die ons tot 'nuttelozen' maakt in de ogen van de wereld? Het is onze manier om missionaris te zijn en het verleent de zending van de Kerk een vleugje bescheidenheid en gratuiteit, die ze nodig heeft om niet verkeerd begrepen te worden. (...) Ik heb u gesproken over onze solide en oude inworteling in deze uithoek van de bergen, over onze voortdurende recrutering, vooral misschien over de band die we hebben met onze buren en waarvan we met velen onder hen menen dat die voor hen (en voor ons ook trouwens) een kwestie is van leven of dood. Als we vertrekken zonder ertoe verplicht te zijn, zouden we hen onmiddellijk blootstellen aan allerhande vergeldingsmaatregelen, waarvan helaas geen enkel van de omliggende dorpen gespaard is gebleven. Wij geloven dat wij zo de desem van Christus zijn voor precies dit menselijk deeg. En wij zijn het hun ook verschuldigd, want dit deeg heeft ons - met ons anderszijn dat we niet onder stoelen of banken steken - in zijn schoot aanvaard. In afwachting van de komst van het Rijk...'

In de zomer van 1994 schrijft frère Christian een brief aan dom Bernardo. Hij vat de positie van de gemeenschap zo samen: 'Voor het ogenblik zijn we het er unaniem over eens dat we het veiligst zijn hier ter plaatse. Maar er is meer. Wij verlenen 'hulp aan personen in nood'. In die zin dat het leger, als we zouden vertrekken, zich in onze gebouwen zou installeren. Onze buren weten wat dat voor hen betekent. Onmogelijk, alleen al vanuit ons geweten, om hen daaraan bloot te stellen. We hebben vrede met dit heel concreet element in de beoordeling.'

Op 30 september 1994, om half acht 's avonds, krijgt het klooster opnieuw 'bezoek'. Drie 'broeders uit de bergen' vragen of ze kunnen telefoneren. Er ontstaat een discussie waarin de mannen bijzonder gespannen overkomen. Nog maar eens weigeren zou de spanning extra doen toenemen en daarom binden de broeders maar in. Ze stellen een draagbaar telefoonapparaat ter beschikking en frère Luc verzorgt een van de mannen. Daarna gaat het trio weer de nacht in.

De volgende ochtend brengt frère Christian verslag uit over dat 'bezoek', waarna hij de communiteit achtenveertig uur de tijd geeft om zich erover te beraden welke maatregelen nodig zijn om herhaling te voorkomen. Tijdens het kapittel van 3 oktober wordt er gebrainstormd en ieder heeft er zijn zegje. Er wordt in twee richtingen gereageerd: nu eens over het feit zelf, dan ruimer, over hoe het bij de gemeenschap is overgekomen. Wat later stelt frère Christophe de vraag: 'Hoe een mens van vrede zijn wanneer je met geweld geconfronteerd wordt?' Het antwoord luidt als volgt: 'Wat we op dat ogenblik deden, dat werd ons geschonken, het is iets van de orde van de genade. Onze gemeenschap is tastend en zoekend bezig, we moeten ons niet opsluiten in een houding die al helemaal vastligt.'

De 'broeders van de bergen' komen voor medische hulp, wat maakt dat de communiteit nog meer op haar hoede en discreet is. Want al dat komen en gaan valt onder het medisch geheim. Een medisch geheim waar iedereen mee te maken heeft, vanwege de band van frère Luc met de communiteit. Frère Christian zegt het zo: 'Die plicht om hulp te verlenen volgt evenzeer uit het evangelie als uit de eed van Hippocrates.'

Een jaar na de moordaanslag op de Kroaten, op 15 december 1994, komt mgr. Teissier naar Tibhirine. In de namiddag spreekt hij de broeders individueel. Van die ontmoetingen heeft hij later de volgende synthese gemaakt: 'Wat mij in vertrouwen gezegd is, daarover zal ik niet spreken, wat niet meer dan normaal is. Maar ik wil u wel in het kort zeggen wat ik begrepen heb uit mijn ontmoetingen met ieder van u. Allereerst bent u ervan overtuigd dat u tenvolle uw specifiek religieus leven als cisterciënzers in moslimgebied kunt beleven. En dat ondanks de spanningen van de laatste maanden. Daarbij onderstreept u vooral de betekenis die het vieren van de eucharistie voor u heeft en legt u de nadruk op uw gemeenschapsgebed, beleefd in het hart van deze crisis, in *communio* met een volk dat lijdt. U beseft eveneens dat de onthechting die de toestand vereist, uw religieus leven doet focussen op de essentie. U noemt met nadruk het belang dat het gemeenschapsleven tegen deze achtergrond voor u krijgt en mochten de omstandigheden uw aftocht noodzakelijk maken, dan wenst u dit leven als gemeenschap te redden. U erkent dat de bestaande banden met de Algerijnse omgeving in deze bijzonder gespannen situatie een nieuwe diepte hebben gekregen. U blijft zich er ook van bewust dat uw aanwezigheid hier precair is. Want ieder ogenblik kan die opnieuw in vraag gesteld worden, zowel door de ordestrijdkrachten als door de gewapende groepen. Die laatsten kunnen met name plots een andere houding aannemen of met nieuwe eisen voor de dag komen. Maar u heeft dit alles goed overwogen, en u lijkt met sereen gemoed de situatie te aanvaarden. Het ziet er zelfs naar uit dat u van mening bent dat het mogelijk is om in deze situatie stand te houden, tenminste wanneer niet een of ander zwaarwegend element de kaarten dooreenschudt.

In een nieuwe reeks stemmingen bevestigt de communiteit dat men het er over eens is: men wil 'hier' blijven en 'verenigd'.

Kort daarna is er een nieuwe aanslag in Tizi Ouzou. Vier witte paters worden vermoord. Bij zijn terugkeer van de begrafenisdienst schrijft frère Christian aan dom Bernardo: 'De communiteit blijft vastberaden, in de lijn van de stemming die we voor Kerstmis hielden naar aanleiding van het bezoek van monseigneur Teissier. Van het Algerijns ministerie van binnenlandse zaken heeft deze de verzekering gekregen dat we zonder al te veel risico hier kunnen blijven. Dat is feitelijk ook het aanvoelen van onze buren en van frère Luc. En we blijven opletten dat we het leven van anderen niet concreet in gevaar brengen. En verder: de liefde zegt niet *satis* (het is genoeg geweest, dit volstaat!) aan de andere, want die heeft het recht om bemind te worden tot in het oneindige, als hij zich daarvoor openstelt. En dat is het geval.'

Heel het jaar 1995 en nog gedurende de eerste maanden van 1996, zal de Atlascommuniteit traag voortgaan met het verdiepen van deze zelfgave.

In die tijd valt er aan de oppervlakte in de communiteit maar weinig verandering te bespeuren. Maar in de diepte is er een evolutie aan de gang, misschien zelfs meer dan dat: een bekering, want ieder werd naar zijn waarheid geleid.

De broeders maakten zich het geschenk eigen dat God hun gaf en namen het dankbaar aan: aanwezig zijn, communiteit zijn in Tibhirine, broeders zijn voor elkaar en behoren tot een volk. Die laatste maanden nam de *communio* onder de broeders en met hen die hen omringden, sterk toe. Iedereen was getroffen door het aanvoelen dat de keuze van de communiteit nauw samenhing met de keuze van ieder afzonderlijk en dat alleen God de broeders te hulp kon komen om dezelfde richting op te gaan, één lichaam te vormen, echte gemeenschap te worden, om Kerk te zijn.

Op 8 maart 1996, enkele dagen voor de kidnapping, predikt frère Christian een vastenbezinning voor leken te Algiers. Hij haalt daar de beruchte uitspraak aan van dom Bernardo: 'Onze orde heeft geen martelaars nodig, maar monniken.'

Frère Christian verwoordt ook het antwoord van de Atlascommuniteit: 'Als het juist is dat de orde nood heeft aan monniken, zou de echte vraag dan niet eerder luiden: "Heeft de orde het nodig dat we monnik zijn in de realiteit die de onze is? Heeft de Kerk nood aan monniken in iedere realiteit waarin zij zich bevindt? En zelfs: heeft het land monniken nodig, heeft het ons wel nodig? Welnu, daarop hebben wij geantwoord: "Ja".'[63]

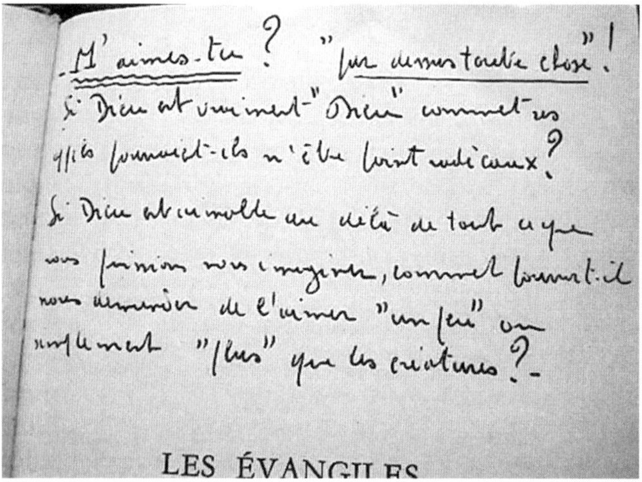

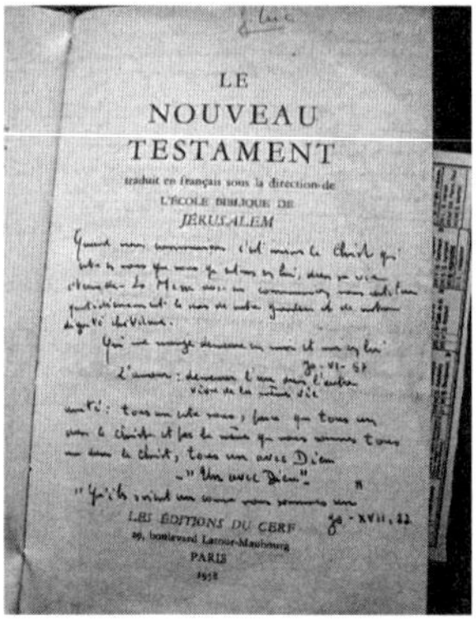

Frère Luc laat niets blijken van zijn innerlijke leven en zijn spirituele zoektocht. De marges van zijn boeken staan boordevol gedachten en bezinningen.

HOOFDSTUK 14

De dood is slechts een overgang[64]

Frère Luc zocht niet zijn gedachten voor het grote publiek te noteren. Maar hij schreef graag en hij keek met een levendige blik naar de gebeurtenissen die zijn persoonlijk leven als mens en als godzoeker structuur hebben gegeven. In zijn geschriften schemert hier en daar door waar hij in de stilte over nadacht. Dan ziet men in die meditaties dat hij veeleisend was voor zichzelf en scherp en zonder zelfingenomenheid zijn eigen leven aan een indringend onderzoek onderwierp. Er bestaan geen lang uitgesponnen theologische teksten van zijn hand. Wel zijn enige 'spirituele pareltjes' overgebleven naast een paar ontboezemingen, recht uit het hart, die zijn brieven kleur geven.

Meestal schreef hij niet meer dan een halve pagina, recto verso, in een stijl die duidelijk de zijne was en weinig evolueerde. Eerst enkele regels als antwoord op een eerdere brief, dan een paar indrukken over de actualiteit - en dat kon zowel de Algerijnse politiek zijn als de lente die in aantocht was, een vraag om medicamenten of kleren op te sturen en tot slot enkele gedachten of een korte overweging over de dood of over een liturgisch feest.

Er komen niet veel humor of verhaaltjes uit het klooster aan te pas: frère Luc schreef korte briefjes, kwam vrijwel meteen ter zake en herhaalde dezelfde ideeën aan verschillende correspondenten tot wie hij zich in een gegeven periode richtte. Die dringende ondertoon laat zich niet zo voelen wanneer hij een wat langere tekst schrijft of randnotities maakt in zijn brevier, Bijbel, op een heiligenprentje, foto of los blaadje. Dan gaat het om overpeinzingen die hij voor zichzelf optekent, en waarvan de meeste verloren zijn gegaan. Soms tref je er nog een spoor van aan in een of andere brief. Zo schrijft hij bij voorbeeld op 25 februari 1985: 'Vasten. Je moet eraan beginnen met een nieuwe geest: niet achterom kijken, onthecht zijn van wat je gedaan hebt aan goed of kwaad, maar wel de blik richten naar de Verrijzenis, en een nieuw leven.'

De meditatie over Augustinus' woord dat "het beter is over de weg te strompelen dan ernaast te lopen," is wellicht een van de mooiste geschriften van frère Luc. Hij vertrekt van deze 'routebeschrijving' en komt uit bij een ware geloofsbelijdenis: 'Wij zijn allen kreupele mensen, arme drommels die zich ternauwernood hebben hersteld van hun zonde en die dikwijls hervallen in dezelfde fouten, vooral fouten uit zwakheid, en die zijn zo lastig te verdragen omdat je voelt dat je er nooit vanaf komt. In het concrete van alledag moeten we onze weg gaan. Ondanks het wonder van het doopsel blijven wij toch zondige mensen. Wie wandelt op de weg van de christenen is zich bewust van zijn zonde, maar toch wanhoopt hij niet, omdat hij weet dat de heilige Geest in hem zijn werk voortzet en hem zachtjes bij de hand leidt, op weg naar het huis van de Vader.'[65]

Onrust staat de dankzegging niet in de weg. Die les houdt frère Luc ons ook vandaag nog voor. Hij had zich zoveel zorgen gemaakt over de toekomst van de wereld, was bekommerd om de armen en ook soms ontmoedigd door het geweld en de 'domheid' die hij krachtig bleef aanklagen. Nu voelt hij zijn kracht echter afnemen, hij is uitgeput. Maar wanhopen doet hij beslist niet: 'Ik ben oud en ziek, ik doe wat ik kan, maar dat is niet meer dan een druppel op een hete plaat. Wanneer de jaren voorbijgaan, komt de vraag naarboven: "Wat heb ik van mijn leven gemaakt?" Op zo'n moment komt mij de zin van Léon Bloy terug in gedachten: "Er bestaat geen ander verdriet dan dit: dat we niet heilig zijn."[66]

En frère Luc is er niet gerust op: in de rand van een evangelieboek schrijft hij, wellicht in de jaren 1980: 'Al meer dan dertig jaar smacht ik naar geluk en heiligheid, maar ik schaam me over het resultaat en het boezemt me angst in.' Maar ondertussen vergeet hij toch ook Georges Bernanos niet, en het einde van diens *Journal d'un curé de campagne,* want hij schrijft berouwvol en erkentelijk: 'Ik heb me verzoend met mezelf, met dit povere "wandelende lijk". Jezelf haten gaat gemakkelijker dan men denkt. De genade bestaat hierin dat je jezelf vergeet. Maar mocht alle hoogmoed in ons gestorven zijn, dan zou het de hoogste genade zijn zichzelf in deemoed lief te hebben, op dezelfde wijze als om het even welk ander lijdend lidmaat van Jezus Christus.'[67]

Welke toekomst hem wacht, weet hij niet, maar frère Luc is klaar voor de grote overgang: 'Mijn leven loopt naar zijn eind. Ik voel dat het afscheid nakend is. Zoals een reiziger op het perron, wacht ik met lege handen en zonder bagage op het sein voor de afreis. Ik vertrouw me daarbij helemaal toe aan Gods barmhartigheid.'[68] Men kan wachten met een hart vol wanhoop, maar wachten kan ook hoopvol zijn: 'Ons leven lijkt op dat van een boom die zijn bladeren een na een verliest. Rondom ons wordt het steeds leger. Maar als God een plaats heeft gekregen in het centrum van ons leven, verandert dat veel. Weldra is het Pasen en schenkt Jezus ons zijn vrede en verrijzenis. Zijn opstanding zal de gelovige ten deel vallen: op Liefde die sterker is dan de dood mag wie gelooft zelfs blindelings zijn leven verwedden. God is het doel van onze reis, zoals dat ook voor Jezus het geval was. Maar dit mysterie van leven, waartoe God ons na de dood heeft voorbestemd, kun je niet in menselijke woorden vatten.'[69]

De dood. Het is hét onderwerp waarover frère Luc zich blijft bezinnen. 'Omdat de dood een ontmoeting is met God, mag die ons geen angst inboezemen. De dood, dat is God.'[70] Uiteraard grijpen de maanden van ongerustheid in de communiteit frère Luc aan. Maar de dokter is gewoon met de dood om te gaan. Zijn spirituele parcours is doorkruist met die obsessie voor de dood. Zijn oudere broer sterft op jonge leeftijd. Zijn moeder overlijdt terwijl hij in den vreemde is, in Marokko. Zijn zus Marthe, moeder van twee zonen, vindt op 4 november 1972 de dood in een verkeersongeluk in de buurt van Chartres. Wanneer zijn familie het enige tijd later heeft over de vertroosting van het elkaar terugzien bij God, reageert frère Luc: 'Wanneer ik op een dag naar de hemel ga, dan zal dat niet zijn om mijn zus weer te zien, maar om voor eeuwig het Gelaat van mijn God te aanschouwen.'[71]

De dood is een dagelijkse metgezel van de dokter. Hij ziet hem rondsluipen om de mensen simpelweg van hun leven te beroven. Zich die groei naar de dood voor de geest halen, kan misschien wat eigenaardig overkomen, aangezien frère Luc toch een gewelddadige, hem van buitenaf opgedrongen dood heeft moeten ondergaan. 'Om je over te leveren aan de dood moet je niet over veel moed beschikken, je moet vooral heel nederig zijn.'[72]

Dat frère Luc ondertussen een hoge leeftijd heeft bereikt, kleurt uiteraard dit voortdurend terugkomen op de verhouding tot de dood. Dat doet hij overigens zonder veel ongerustheid, en misschien wel met de nederigheid waar hij naar uitkijkt en met echt vertrouwen. In zijn geschriften is het oud worden en het denken aan de naderende dood alomtegenwoordig. Men merkt er inderdaad een groei in paasgeloof, waarin doorschemert hoe hij lang hij al met verwachting naar 'de dag des Heren' uitkijkt. 'In het kloosterleven, waartoe God ons heeft geroepen, doordat Hij zichzelf aan ons hart en verstand heeft laten zien als hét Absolute, onttrekt het Absolute zich aan onze blik, hoewel de heimwee ernaar ons bijblijft. De dagen, weken, maanden, jaren rijgen zich monotoon aaneen. Maar dit trouw blijven aan die monotone voortgang is de geloofsdaad die God van ons vraagt. Het is een daad van Geloof waarin ook de Hoop vervat is en die zonder enige twijfel samenvalt met de Liefde.'[73]

Als monnik ambieert frère Luc alleen maar 'zich iedere dag de dood voor ogen te houden' en 'naar het eeuwige leven te verlangen met de vurigheid van de heilige Geest' (Regel van Benedictus 4, 47 en 4, 46). Naarmate de jaren voorbijgaan, vermeldt frère Luc in zijn brieven regelmatig de dood, hij voelt aan hoe die rondsluipt en kan er zelfs met gemak en vol diepe humor over praten: 'Je meldt me het overlijden van heel wat vrienden van vroeger. Ons scheepje is al niet meer zo nieuw, al houdt het nog stand. Maar wat maakt het uit dat we schipbreuk lijden, als God in de buurt is.'[74]

Die verwijzing naar de dood maakt het hem ongetwijfeld mogelijk zich erop voor te bereiden om voor God te verschijnen op de jongste dag. Bovendien voelde frère Luc zich altijd met de dood verbonden: hij ging ermee om alsof het een verwant betrof. Hij scheen ontdekt te hebben dat de dood niet vreemd is aan de mens, maar dat ze al van oudsher ingegrift is in het leven als christen. Naarmate hij zijn innerlijke obstakels en vragen overwon, werd hij in zekere zin transparant voor de diepe betekenis van al wat bestaat. Gilbert Cesbron schrijft daarover: 'Oud worden op een goede manier is een kwestie van transparantie.

De niet te vermijden slijtage zou ons wezen helemaal transparant moeten doen worden, zoals sleet dat doet met onze oude kleren.'[75]

Wie hem gekend heeft, spreekt van een uitstraling van innerlijke kracht: 'Zolang al was hij samen met zijn medebroeders en de anderen op weg naar God, en hij is niet van hun zijde geweken. Hij bleef tot hij werd 'weggenomen' - en ik gebruik hier het werkwoord 'wegnemen' omdat het ook als een verwijzing naar Pasen begrepen kan worden. Ik geloof dat hij er klaar voor was. Al heel lang bereidde hij die dag voor. Hoe het zou gebeuren, wist hij niet, maar voor hem was het de Heer die hem zou komen meenemen en niemand anders. Hij was 'vrij'. Zelfs in de handen van de GIA, wist hij zich toch in Gods hand,' aldus frère Jean-Pierre[76].

Frère Luc voelde het naderen van de dood, zonder dat hij wist, tenminste die laatste drie jaren, hoe die er voor hem zou uitzien. 'De dood is het uiteindelijke probleem waar de mens mee te maken krijgt, en ook het moeilijkste. De dood, dat onontcijferbaar enigma, blijft ons aller lotsbestemming. Wij weten dat we zullen sterven, maar niet wanneer, noch welke dood ons wacht. "Altijd en overal klaar zijn om te sterven"; in wat we doen niet gedreven worden door angst voor de hel maar door de liefde van Christus.'[77] Zou hij bezwijken aan de ziekte die al zoveel jaren zijn krachten afmatte, hoewel hij altijd in leven was gebleven en nooit was opgehouden met dienstbaar te zijn? Zou hij almaar verder verouderen en aftakelen, ten onder gaan aan verwaarlozing? Of zou hij meegesleept worden met het alles overspoelende geweld van de donkere uren? Gedurende de jarenlange burgeroorlog in Algerije speelde het leven van alledag in de de communiteit van Tibhirine zich af in een context van geweld en haat. Frère Luc was daarvoor niet ongevoelig: 'Hoewel we voor onze ogen dit alles zien gebeuren dat in schrille tegenspraak is met de Liefde, moeten we volhouden dat God 'Liefde' is, ondanks de schijn van het tegendeel, ondanks het kwaad dat altijd weer de kop opsteekt. Wanneer de blik niet verder draagt dan wat onmiddellijk zichtbaar is, is het zichtbare niet meer dan een beeld van het niets, waarvan het onzichtbare is geamputeerd. Dan botst men op de absurditeit.'[78]

Frère Luc schijnt de oude dag niet als een beproeving te hebben ervaren, hoewel hij maar moeilijk vrede kon nemen met de beperkingen die hem werden opgelegd door een falende gezondheid. Hij heeft zich erop toegelegd om op een goede manier oud te worden, waardig zelfs. Dat blijkt uit zijn brieven, uit allerhande aforismen of uit een enkele nagelaten tekst. Oud worden kondigt de herfst van het leven aan, het kapitaal van onze levensverwachting wordt kleiner en de krachten van de levensdrang nemen af. De ouderdom speelt met de dood onder een hoedje. Doodgaan zelf is het nog niet, maar het komt al aardig in de buurt. Met zijn vele beproevingen, lijden, ontgoochelingen, sterfgevallen, enz. lijkt de ouderdom wel een voorsmaak van de dood.

Maar ouder worden kan ook beleefd worden als een kans, een genade. Voor frère Luc was dat: de genade om alles één te maken, te vereenvoudigen, wijs te worden. Hij kan nu zijn verleden overschouwen en op orde brengen: 'Tachtig jaar ben ik nu. Ik bekijk het leven welwillend en met tederheid. Iedere dag komt onze dood dichterbij. De diepte van de zee verandert niet met de hoogte van de golven en evenmin wordt de zin van het leven gewijzigd door wat gebeurt aan de oppervlakte: de zin van het leven moet een weg blijven naar God. Op mijn leeftijd stapt men een drempel over. Een drempel vervuld van mysterie, waarin zoals Prediker het zegt, 'het gefluit van de vogels verstomt en alle tonen wegsterven, en men onderweg overal bang voor is en zich door iedere helling laat afschrikken' (Pr 12,4-5). Als ik niet gewelddadig omkom, maar van ziekte sterf, verlang ik dat men mij op het laatst zou voorlezen uit het evangelie, en wel het verhaal van de verloren zoon. Zoals deze zal ik me immers in de armen van de Vader storten, want zijn barmhartigheid en tederheid zijn oneindig.'[79]

De dokter bereidt zich dus sereen voor op de ontmoeting met de Vader. Meer nog, hij verlangt ernaar omdat het de voleinding is van zijn humane en spirituele groei. Die verwachting ervaart hij als een sterker uitgenodigd worden om zichzelf, de andere zowel als God in de geest meer nabij te zijn. En om ondertussen de vreugde van het nu te smaken en dag aan dag te doen wat hij moet doen: 'In afwachting vervul ik mijn taken, ik ontvang de armen en de zieken, wachtend op het moment dat ik mijn ogen voorgoed sluit om binnen te gaan in het huis van God. Zijn deur gaat altijd open voor wie aanklopt, en je moet nooit vrezen dat je er op een verkeerd tijdstip aankomt. Sterven is niet het punt: niet sterven daar gaat het om, en wel door Gods aanwezigheid in ons te laten leven en zo elke dag opnieuw de dood te overwinnen.'[80]

Er schuilt een diepe vreugde in het zich overgeven aan God, namelijk de vreugde van de Godsontmoeting: 'Wij zijn nu in de adventstijd en we verwachten de Heer. Wie niemand verwacht, is een ongelukkig mens. Op onze leeftijd wordt de advent iets reëels, want de ontmoeting met God kan nu niet lang meer uitblijven. De tijden zijn moeilijk en er is weinig om zich over te verheugen. Maar de rietstengel die buigt voor alle winden, die moeten we niet zijn. Om de wereld te vernieuwen moeten we het hart van de mensen omvormen. De ideologieën staan machteloos. Iedere dag streef ik ernaar om christen te zijn.'[81]

Frère Luc houdt niet op zich voor te bereiden op de dood: wanneer hij de volgende brief schrijft, is hij nog maar 71 jaar en denkt hij er nog niet aan dat zijn overlijden het gevolg van geweldpleging zou kunnen zijn. Maar hij is al bereid om te sterven. 'Ik geloof niet dat het goed is "in de achteruitkijkspiegel te kijken". Het is beter vooruit te kijken, naar de open zee. Op onze leeftijd zijn we niet ver meer verwijderd van de overgang naar de Vreugde, de Vrede en het Licht: die tweede geboorte, die ons nog meer zal verbazen dan de eerste, toen we voor het eerst met deze aarde in aanraking kwamen. Het leven gaat snel vooruit, het belangrijkste is te werken voor Gods aanschijn.'[82]

Van bij zijn intrede in de abdij van Aiguebelle heeft frère Luc een fundamentele keuze gemaakt voor een leven in armoede. Dààrom is hij lekenbroeder geworden en heeft hij ervoor gekozen om zich ten dienste te stellen van de armen in de omgeving van Tibhirine. Toch neemt dit niet weg dat hij zijn hele leven lang nog armer is geworden, met name door zijn zwakke gezondheid. Christus is met wie hun tekortkomingen kennen en eronder lijden. De tijd van het ouderworden, van het inboeten aan kracht, van het kleiner worden, verwijst meer dan ooit naar God: 'God aanvoelen. Dat is het punt waartoe we moeten komen. Daaruit vloeit ook de geest van armoede voort. Het is niet omdat je vrijwel niets bezit en aan zowat alles tekort hebt, dat je een 'arm hart' hebt. Hoe behoeftig de mens is, kan je slechts ten volle aanvoelen in het licht van God. Niet het zien van de eigen miserie, maar het 'zien van God' verschaft de mens het juiste inzicht over zijn toestand van zondig mens. En het is evenmin omdat iemand materieel noodlijdend is dat hij zich echt arm voelt. Eigenlijk wordt men zich pas van zijn armoede bewust wanneer men de blik naar God richt. Het is slechts wanneer we ons er bewust van zijn geworden dat God de opperste rijkdom is, dat we een werkelijk arm hart kunnen verwerven. Daarna kun je, achternagezeten door die armoede, op zoek gaan naar Hem in heel de schepping, ieder moment van het bestaan.'[83]

Binnen die gespannenheid voor de etappe die nog moet komen, aarzelt frère Luc niet om zijn leven te verliezen: 'Wanneer de dood naderbij komt, moet je geen zekerheid zoeken in je deugdzaamheid, maar in het loutere besef dat alleen God de Heilige is, dat Hij alleen goed is. Wie van het echte leven houdt, denkt vaak aan de dood. Nergens is er nog houvast en dus valt er voor ons niets te verliezen en niets te vrezen. Gods liefde voor ons is oneindig en je kunt die niet afkopen. God zal ons gratis schenken wat we niet verdiend hebben; en wie Gods barmhartigheid afwijst, houdt niet van Hem.'[84]

Nog voor hij het terrorisme moet meemaken, en terwijl zijn krachten steeds meer afnemen, zoekt de dokter Gods spoor in het leven van alledag. Een begin maken met te ervaren wat de diepe waarheid is van zijn bestaan, dat schrikt de dokter in het geheel niet af. 'Doorheen alle gebeurtenissen van dit leven, in geluk en tegenslag, worden wij geleid door Christus' Verrijzenis, die de enige grondslag is van alle hoop en verwachting.'[85]

Geleid worden naar het huis van de Vader, frère Luc leeft alleen daarvoor. Hij streeft naar dit zekere en ware doel: de Verrijzenis, verrijzenis vanaf hier in de duisternis en verrijzenis in het licht, na zijn dood. Onder zijn bezittingen vond men een afbeelding van Marthe Robin met op de keerzijde ervan een zin van Léon Bloy: 'Het paradijs is niet voor morgen, noch voor overmorgen, noch voor over tien jaar. Je kunt er meteen binnengaan op voorwaarde dat je arm bent en gekruisigd.' De hoop die frère Luc koesterde was solide: 'Wat gebeurt, is op zich zonder betekenis.

Het krijgt maar betekenis en wordt maar belangrijk als we de gebeurtenissen aanvaarden als komende van Godswege en ze integreren in zijn Liefde. En dat geldt ook voor onze dood.'[86]

De hoop die frère Luc bezielt, wortelt in het verrijzenisgeloof, want 'zonder de verrijzenis zou ons leven ondergedompeld zijn in verdriet en wanhoop.'[87] Frère Luc had zich helemaal overgeleverd aan Gods wil, maar dat verhindert geenszins dat hij toch nieuwsgierig blijft naar die mysterieuze overgang. Dikwijls vroeg hij zich af hoe de dood concreet zou geschieden: 'Ik geloof en verwacht het leven van de komende wereld. Maar hoe zal dat leven eruitzien? Na onze dood, eigenlijk op het ogenblik zelf ervan, gaan we een nieuwe dimensie binnen, die van de Eeuwigheid, die totaal verschilt van de tijd. Wij zullen leven met ons lichaam, maar dan in een geheel andere, geestelijke vorm. Hoe zal dat geschieden? Maar, zoveel is zeker: we zullen God zien, en we zullen bij de Verrezen Jezus zijn.'[88]

Hij aarzelde overigens niet om daar met de broeders over te spreken, dat getuigt frère Jean-Pierre: 'Misschien stelde hij zich daar wel op als medicus. Wat wordt er van het lichaam? Wat is een glorieus lichaam? Een boek, ik meen zelfs dat het het laatste boek was dat hij gelezen heeft, droeg ongeveer volgende titel: "Moet je nog geloven in de verrijzenis van het lichaam?" Dat boek resumeerde in zekere zin een aantal bijna-doodervaringen'. Het was ook een reflectie over het verrezen lichaam na de dood. Over dit onderwerp in combinatie met het Paasgebeuren dacht Frère Luc graag na en hij sprak er dan ook anderen over aan: over het verdwijnen van het lichaam van Jezus en over zijn verschijningen na Pasen. En zal het er bij ons sterven ook zo aan toegaan?'[89]

Die vragen die almaar terugkwamen, waren voedsel voor het denken van frère Luc: 'Het onvoorstelbare kun je je niet voorstellen. Ons lichaam zal opnieuw leven, maar het zal een getransformeerd leven zijn; ons lichaam dat is de hele persoon. Het vlees en het bloed kunnen niet verrijzen. Wanneer ons klein individueel leventje over is, verdwijnen onze handelingen niet. Mijn hart zegt me dat het Rijk Gods een rijk is van Vrede, Harmonie en Liefde. Dat ons lichaam verrijst, betekent dat de mens na de dood blijft bestaan, niet langer afhankelijk van de ons bekende materie en van de natuurwetten die ons bestaan regeren.'[90]

Wanneer hij te horen krijgt dat een van zijn beste vrienden overleden is, schrijft hij in dezelfde zin: 'Alle mensen van wie we hielden en die nu gestorven zijn, strekken hun handen uit naar ons, niet om ons naar de aarde en de dood toe te trekken, maar naar God. De dood is geen natuurkundig accident, alleen maar een gebeuren dat ons bevrijdt van onze afhankelijkheid ten opzichte van de fysische wereld. De mensen die we liefhadden, zijn nu verborgen in het licht van de Heer en in onze eigen innerlijke hemel zien we zowel hun gezicht als het gelaat van de Heer. Over God moet je niet teveel praten. Veel beter is het als we ons gelaat, onze goedheid, onze glimlach ten dienste stellen van God. En dat was precies wat onze vriend deed: hij schonk iedereen Hoop en Vreugde.'[91]

Soms is hij ontmoedigd wanneer hij zich geconfronteerd voelt met zijn ouderdom en eigen vermoeidheid of met de miserie en het lijden van zijn patiënten. Dan komt zijn vermoeidheid boven. Maar de dood boezemt hem geen schrik in. 'De dood mag een christen geen angst aanjagen, want de dood is ontmoeting, van aangezicht tot aangezicht, met de God op wie hij gehoopt heeft in de duisternis. De dood is God. Iedere minuut van ons leven zetten we een stap in de richting van de dood, dat wil zeggen van de Liefde. Paradox van het christendom: sterven is beginnen te leven. Het eeuwige leven is niet iets 'van na onze dood' maar is al aanwezig in het hart van ons menselijk bestaan.'[92]

Om je helemaal aan God te geven, moet je al wat 'niet God zelf' is, laten sterven. 'Op onze oude dag is Christus' Dood en Verrijzenis het enige wat écht telt, alle aandacht verdient en waarvoor ons hart warm moet lopen. Alle andere gebeurtenissen zijn niet meer dan bijkomstigheden. Vanuit zijn dood vloeit Jezus' leven in ons over. Zijn dood is de deur die ons binnenlaat waar ons hart volle tevredenheid zal vinden.'[93]

HOOFDSTUK 15

Blind geweld

Het ogenblik is aangebroken waarop het vredige afwachten van frère Luc wordt opgeschrikt door de brand die Algerije in rep en roer zet. In december 1993 maakt het klooster kennis met het geweld. Maar ook de 'broers en de zussen' van de monniken worden er niet door gespaard, met name al die mannelijke en vrouwelijke religieuzen die werden weggemaaid uit hun dagelijkse bestaan. Mensen die zonder terughoudendheid, onvoorwaardelijk hun leven gaven. Het merendeel van die minder bekende mannen en vrouwen waren al eens naar Tibhirine gekomen om er uit te blazen en wat rust en vrede te genieten, en misschien ook veiligheid te vinden. Bij die lange lijst moet men nog de al te talrijke slachtoffers tellen - zowel van Algerijnse als van buitenlandse afkomst. Regelmatig vernam de communiteit ontstellende berichten. Zo werden op 8 mei 1994 soeur Paule-Hélène Saint-Raymond en frère Henri Vergès vermoord in de kleine bibliotheek die voor de studenten was geopend in de *casbah* van Algiers. Op 23 oktober van hetzelfde jaar zijn de slachtoffers twee Spaanse religieuzen, soeur Esther Paniagua en soeur Caridad Maria Alvarez. Zij worden voor de deur van de kleine zusters van Jezus te Bab-el-Oued omgebracht.

Wat die mannelijke en vrouwelijke religieuzen hebben beleefd, is niet minder ontroerend en stichtend dan het feit dat de monniken van Tibhirine hun leven gaven. Het engagement dat de monniken van de Atlas hadden aangegaan en dat ze tot het einde toe beleefd hebben, verschilde ongetwijfeld maar weinig van dat van alle christenen in Algerije. 'Niemand kan ons van het leven beroven, want wij hebben het al weggeschonken,' schrijft zuster Esther Paniagua. 'Er zal ons niets overkomen, want we zijn in Gods hand. En als er met ons iets gebeurt, dan zijn we nog altijd in zijn handen.'[94] Op 26 december 1994 worden de terroristen die een Airbus van Air France gekaapt hebben, gedood bij de aanval van de GIGN (*Groupement d'Intervention de la Gendarmerie Nationale*). Als represaille worden de volgende dag vier witte paters neergeschoten in Tizi Ouzou. Een van hen, pater Jean Chevillard, had geschreven: 'Ik weet dat ik misschien vermoord zal worden. Voor het christelijk geloof getuigenis afleggen in moslimgebied, dat is onze roeping... Voor het overige, *Inch' Allah!*'

Wanneer ze na de mis de rue Belcourt ingaan, worden zuster Denise Leclercq en mevrouw Jeanne Littleton op 3 september 1995 het slachtoffer van een moordaanslag op klaarlichte dag. En op 10 november laat zuster Odette Prévost het leven in de Koubawijk. In het dagboek van de communiteit van Tibhirine wordt die laatste zuster als volgt herdacht: 'Zij maakte deel uit van de *Ribât*. En dit jaar, met Kerstmis en met Pasen, was zij onder ons. Met Pasen vorig jaar was ze er ook, ze was toen de enige vrouw in het gastenkwartier. In de vroege uurtjes zat ze in het koor van de monikken-leerlingen om getuige te zijn van de Verrijzenis!'

Ja, de dood zou wel eens gewelddadig kunnen worden: 'Ik bevind me in de zone waar ik de dood zie naderen,' schrijft frère Luc. 'Zal ik een natuurlijke of een gewelddadige dood sterven? Moge de Heer mij de genade geven om mijn handen te openen, alles los te laten, alles te aanvaarden.'[95] Hopen is niet alleen de toekomst verwachten maar ook vertrouwen stellen in het leven: 'De toestand wordt steeds meer gewelddadig en verward. Wij blijven en houden vol. Word ik lastig gevallen? Ja: door de zieken en de armen. De artiesten in het circus werken met een vangnet. En ik doe het met vertrouwen in God en met blinde Hoop.'[96]

De dood, die al sinds heel wat jaren opduikt in de correspondentie van frère Luc, wordt nu een oproep tot overgave: 'God is voor Jezus het einde van de weg. Onze reis leidt ook naar God, via de verrijzenis. De verrijzenis die in ons iedere dag met pijn tot stand komt. Als liefde altijd sterven is aan jezelf om in een ander te leven, dan is beminnen: leren sterven om te leven.'[97]

Aan vluchten voor het gevaar valt dus niet te denken. Ook wanneer doodgaan geweld en pijn met zich zou meebrengen, dan aanvaardt frère Luc die: 'Vooraleer de Heer mij tot zich roept, vraag ik dat er Vrede zou komen over dit land, waarvan ik zo gehouden heb, en waar ik meer dan zevenveertig jaar heb doorgebracht. Op onze leeftijd kijken we terug naar het verleden en begrijpen we wat de betekenis is van onze pelgrimstocht op aarde. In lijden en beproeving naar lichaam en naar geest, en ook doorheen de mislukkingen heeft God ons bij de hand geleid. Die pelgrimstocht is niet ten einde. Voor ons uit draagt Christus zijn kruis en wijst Hij ons de weg en aan het eindpunt daarvan schittert het paaslicht van zijn Verrijzenis!'[98]

De oude monnik geeft niet op, ook al is hij aan het einde van zijn krachten: 'Mijn aanwezigheid is niet vereist, maar kan nuttig zijn. Op 31 januari 1996 word ik tweeëntachtig. Ik ben ziek - hart en longen - maar zolang er nog wat leven in me over is, ook al is de situatie niet gemakkelijk, moet ik me voor de anderen inzetten. Overigens kan ik Tibhirine niet verlaten. *Uw rijk kome.*'[99] Hij aanvaardt het risico, wat niet wil zeggen dat hij naïef is. De echte overgave waartoe frère Luc geroepen is, behelst dat hij zich tegelijk zowel bewust is van het gevaar dat hem omringt als van het feit dat de dood hem na jaren van uitputting plots kan vellen. Het leven is broos geworden: 'Hier is de toestand verontrustend, misschien in de toekomst zelfs ronduit gevaarlijk. De dood zou een getuigenis zijn van de absoluutheid van God. Ik ben als een oude, versleten mantel, vol gaten en gelapt, maar daarbinnen zingt mijn hart nog altijd.'[100]

Hij was al zo dikwijls in de buurt gekomen van de dood, maar nu kan hij maar niet rusten voor hij weet wat er aan de overzijde is. Een 'kwellende nieuwsgierigheid' prikkelde zijn hoop en verwachting. Een leven lang had hij zich ingespannen om armer te worden en zo meer en meer een vrije mens te zijn. Hoe zouden de laatste Goede Week en het laatste Paasfeest geweest zijn die frère Luc met zijn medebroeders beleefd heeft? Bij de aanvang van de Goede Week van 1995 schrijft hij: 'Wanneer je deze brief leest, zal de Heer gekruisigd zijn. God vrezen, is zijn aanwezigheid beleven, en die vrees sluit meteen ook alle andere vrees uit. In de loop van de Goede Week herinneren de teksten ons eraan dat Jezus de lijdende dienaar was uit gehoorzaamheid, gehoorzaam tot de dood. Nochtans verschijnt Jezus als dé vrije mens bij uitstek, vrij in alles. God in waarheid liefhebben, is dus de dood aanvaarden zonder voorbehoud.'[101]

In die laatste storm onderscheidt frère Luc zich niet van zijn medebroeders. Wel moeten we daarbij bedenken dat hij zeker de gebeurtenissen heel intens heeft beleefd en dat hij fysiek zwaar geleden moet hebben. Men herinnert zich hoe hard in 1959 de kidnapping aankwam, hoewel die maar een week heeft geduurd en frère Luc jaren jonger was. De zesenvijftig dagen gevangenschap in 1996 zijn nog veel pijnlijker.

Elk 'bezoek' van de aanvallers gebeurt onder het voorwendsel dat men de dokter nodig heeft. Het opvangen van de zieken en gekwetsten, van welke kant ook, heeft de communiteit in een heel speciale positie geplaatst. Wat zou er gebeurd zijn als er geen frère Luc in Tibhirine was geweest? Als het dispensarium niet actief was geweest? Geen mens kan daarover uitsluitsel geven. Het klooster had veel meer afstand van de bevolking kunnen houden en was misschien ook minder blootgesteld geweest. Maar het omgekeerde had ook gekund: dat de priorij verzwakt en in diskrediet gevallen was. De broeders ontkennen de pijn en de beproevingen niet. Zij verlaten zich op God, zoals bijvoorbeeld die laatste dag van 1994: 'Completen om 19u30. Een kwartier gezamenlijke stilte na de lezing om samen dank te zeggen. Dan worden de redenen tot dankzegging verwoord door verschillende monniken. Het wordt een lange litanie die het jaar 1994, dat in bepaalde opzichten zo hard was, een nieuw uitzicht verleent. Getracht wordt dit jaar een plaats te geven binnen Gods liefdesplan voor ons allen. Feitelijk zijn we nog altijd bijeen en onze omgeving is ook beschermd. Zoveel solidariteit hebben we mogen ondervinden. En de duidelijkste geschenken zijn de geslaagde chirurgische ingreep die frère Célestin heeft ondergaan, de waakzame aanwezigheid van frère Luc, het moedige werk van onze medewerkers, ...'[102]

'Jullie zijn het lijden van het Algerijnse volk nabij, dat jullie in gebed meedragen,' merkt dom Armand Veilleux op, de generaal procurator van de orde, die in januari 1996 een reguliere visitatie aan Tibhirine brengt. 'Het dienstwerk van uw broeder-dokter bij de bevolking, zonder onderscheid te maken naar politieke aanhorigheid, heeft er ongetwijfeld veel toe bijgedragen dat die banden behouden bleven en zelfs nog sterker werden.'[103]

Die reguliere visitatie krijgt hier haar volle intensiteit. 'Uw situatie is niet zonder gevaar, zelfs vandaag niet. U gaat sereen en volwassen met dit gevaar om. Ik geloof niet dat er onder u iemand is die naar een gewelddadige dood verlangt, maar ik geloof dat jullie die allemaal aanvaarden als een van de mogelijke consequenties van jullie keuze. Die serene aanvaarding zorgt bij u voor een reële vrede.' Wanneer men dat verslag leest, voelt men dat de communiteit, klaar voor het offer, zich al enigszins op afstand lijkt te bevinden en ontsnapt aan alle gewone maatregelen. 'Hoewel mensen die u nabij waren, een gewelddadige dood gestorven zijn, een lot dat ook duizenden Algerijnen heeft getroffen, heb ik niet gemerkt dat u gekweld wordt door vrees,' zo gaat de visitator door. 'De Heer heeft u beschermd. Niet alleen omdat u nog altijd in leven bent en niet gedwongen werd om te vertrekken, maar ook omdat u een bijzonder hechte communiteit geworden bent.'

Ongetwijfeld positief verrast door de buitengewone intensiteit van het leven van de communiteit, kan dom Armand Veilleux zich in het geheel niet inbeelden dat de broeders nauwelijks twee maand later samen tot het uiterste beproefd zullen worden. In mei zal hij terugkeren en staat hij voor de kisten van de broeders. Maar in januari spreekt hij nog vol bewondering: 'Ik geloof dat uw communiteit, qua spiritueel en monastiek leven, een topmoment in haar geschiedenis doormaakt.'

'Wanneer de dood naderbij komt, moeten we geen zekerheid zoeken in onze deugdzaamheid, maar in het loutere besef dat God alleen de Heilige is en dat alleen Hij goed is. Wie van het echte leven houdt, denkt vaak aan de dood. Nergens is er voor ons nog houvast en dus valt er niets te verliezen en niets te vrezen. Gods liefde voor ons is oneindig en je kunt die niet afkopen. God zal ons wat we niet verdiend hebben gratis geven en wie zijn barmhartigheid afwijst, houdt niet van God.'[104] De brieven die frère Luc in 1995 schrijft, tonen aan hoezeer hij ervan overtuigd was dat het afscheid van deze wereld ongetwijfeld een verscheurende beproeving is, maar dat de dood hem tevens, ontdaan van al het overige, tot het enige leven bij God zou voeren. 'Voor een christen mag de dood geen verschrikking zijn: de dood, dat is God.'[105] De zomer van 1995 is een lange beproeving. Op 2 augustus noteert het dagboek van de communiteit de problemen: 'De hitte vermoeit Frère Luc zeer. Hij maakt een levercrisis door en daardoor is hij op dieet. Het eten smaakt hem niet en het lijkt wel of hij ook genoeg heeft van het leven. Uiteraard geen raadplegingen, ondanks het ongeduld van de patiënten.' Maar enkele dagen later, op 8 augustus, gaat het weer beter: 'Frère Luc klimt uit het dal. Zijn ogen staan weer levendig, en de humor krijgt weer de bovenhand, ook voor het opvangen van in de keuken verloren gelopen bergbewoners.'

Hoewel ze niet speciaal getekend worden door een voorgevoel van wat komen gaat, zijn de laatste brieven die frère Luc schrijft, evenzeer doortrokken van de spirituele diepte die de communiteit die laatste maanden kenmerkt. Op 26 januari schrijft hij: 'Het geweld komt weer aan de oppervlakte, het lijkt wel uit de grond te komen, en toch moet mijn vreugde blijven'. Drie weken voor de ontvoering stelt hij even ernstig vast: 'Hier is het geweld nog altijd aanwezig - blind geweld. De dood treft iedereen, maar niemand windt zich erover op. De wereld is ziek. Och, je moet je terugtrekken in jezelf, daar kun je je rust bewaren.'[106]

Frère Luc is niet ongevoelig noch trots. In de eerste maanden van 1996 leest en herleest hij het boek Job. Hij voelt hoe zijn krachten afnemen en herhaalt eens te meer hoe men onvermoeibaar moet werken aan de bekering van het hart, ook al blijft de toekomst onzeker. Op 15 maart krijgt hij nog enkele postpakketten en die neemt hij verheugd in ontvangst voor zijn werk in het dispensarium. In een van zijn allerlaatse brieven maakt hij - zonder het te weten - de beknopte balans op: 'Ik ben dus tweeëntachtig. Een oude man is maar een miserabel ding, tenzij zijn ziel zingt. Bid God dat hij mij blij laat zijn. (...) Ik weet niet wanneer en hoe alles zal eindigen. Bid voor mij.'[107]

In die laatste maand maart is iedereen druk bezig, en niemand beseft hoe weinig tijd er nog rest. Christian de Chergé beëindigt op 19 maart 1996, nauwelijks een week voor de ontvoering, een syntheserapport waarin hij de overpeinzingen van de verschillende religieuze communiteiten in Algerije bijeenbrengt. Vanuit een vijftiental communiteiten zijn er twintig antwoorden gekomen op de vraag: 'Hoe kunnen we in de huidige toestand het charisma van onze congregatie beleven?' De respondenten hebben er enkele maanden aan gewerkt en telkens wordt de Algerijnse realiteit samengebracht met de christelijke hoop. Christian de Chergé bundelt enkele menigen: 'dankbaar zijn dat we al bij al gelukkig mogen zijn, ook al is dat geluk hachelijk, het is wel echt geluk dat zich laat proeven in de volharding. Wat er ook kome, we verlaten het schip niet in volle storm of omdat we bang zijn. Het schip is in Gods hand. Laten we bij Hem blijven.'[108]

De dagen daarna is het druk. De overste heeft twee belangrijke ontmoetingen georganiseerd, ook al is het klimaat van geweld nog niet over. Allereerst de priorverkiezing, die einde maart moet gehouden worden. Het ziet er naar uit dat Christian de Chergé bij het einde van zijn tweede mandaat opnieuw voor zes jaar gekozen wordt. Tegelijk is er ook sprake van dat hij wat afstand zou nemen. Dan zou frère Christophe, de benjamin van de communiteit, die taak op zich nemen. In elk geval is het om deel te nemen aan de stemronde dat frère Bruno uit Fès naar Tibhirine is afgereisd. De andere gebeurtenis is dat er eindelijk een bijeenkomst komt van de Ribât es Salâm. In het begin van het nieuwe jaar is het klimaat van geweld blijkbaar minder intens. Men kan dus met enige redelijkheid een bijeenkomst plannen van de 'band van vrede', de gespreksgroep met christenen en moslims, en vanaf 25 maart komen er al enkele leden voor af. Ze logeren in het gastenverblijf dat de jongste maanden al te vaak leeg stond. Frère Luc neemt niet aan die Ribât-ontmoetingen deel, maar de ontmoetingsdagen brengen voor hem wel extra werk in de keuken mee.

Dat laat hem evenwel toch nog tijd om een allerlaatste berichtje te schrijven. Hij zet er zijn handtekening onder op 24 maart. Een briefje waarin zijn leven van overgave doorklinkt, enkele uren slechts voor de kidnapping alles meesleurt als in een draaikolk. 'Ik denk niet dat geweld in staat is om geweld uit te roeien. Wij kunnen slechts mens zijn als we aanvaarden om een beeld te worden van de Liefde zoals die zich in Christus heeft geopenbaard, die rechtvaardig was en toch het lot van een onrechtvaardige heeft willen ondergaan.'[109]

31 januari 1996: frère Luc viert zijn 82ste verjaardag. 50 jaar van zijn leven bracht hij door in Tibhirine.

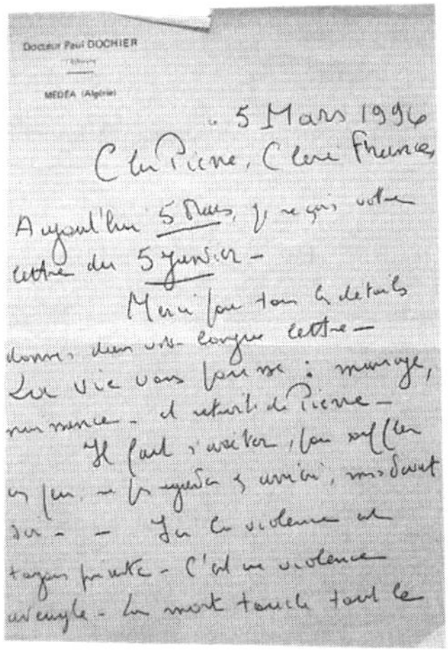

Docteur Paul DOCHIER

MEDEA (Algérie)

5 Mars 1996

Cher Pierre, Chère France,

Aujourd'hui 5 Mars, je reçois votre lettre du 5 janvier –

Merci pour tous les détails donnés dans votre longue lettre –

La vie vous pousse : mariage, [illegible] – et [illegible] de Pierre –

Il faut s'arrêter, pour souffler un peu. – [illegible] [illegible], mais [illegible] [illegible] – – Ici la violence est toujours présente – C'est une violence aveugle – La mort touche tout le

5 maart 1996: laatste brief verstuurd door frère Luc aan zijn neef: 'Hier is het geweld altijd aanwezig...'

HOOFDSTUK 16

Een communiteit op weg naar de marteldood

Dat waren de laatste woorden van frère Luc. Men zal geen andere sporen meer vinden, behoudens de geluidsopname die een maand later op de Franse ambassade wordt afgegeven. Hoe waren de laatste uren die hij in vrijheid doorbracht? Men kan zich frère Luc niet anders indenken dan heen en weer stappend tussen het dispensarium en zijn kamer waar hij de geneesmiddelen bewaart. Of nog achteraan in de kapel, in gebed samen met de medebroeders. En 's nachts verzonken in de hoofdkussens en tollend van de slaap, want hij slaapt licht en moeizaam, vanwege zijn astma.

In de nacht van dinsdag 26 op woensdag 27 maart 1996 dringen rond 1 uur 's morgens de ontvoerders het klooster binnen. Slechts bij benadering kan de puzzel van die verschrikkelijke minuten gereconstrueerd worden op basis van de vaststellingen achteraf en de verklaringen van de medebroeders die aan de ontvoering ontsnapten. De 'bezoekers' schijnen zich allereerst bij de nachtwaker te hebben aangemeld. Mohammed heeft van Christian de Chergé het verbod gekregen om 's nachts de deuren te openen. Er zijn al een paar 'nachtelijke bezoeken' geweest, maar toen klopten de verzetslieden aan de kloosterpoort zelf aan. In ieder geval is het zo dat ze die nacht aandringen en de waker sommeren om hen binnen te laten. Zoals altijd geven ze ook nu als reden voor hun komst: 'We hebben de dokter nodig'. Mohammed brengt ze daarop naar de kamer van de prior. Christian de Chergé opent na enige tijd de deur en wordt brutaal uit de kamer meegenomen. De ontvoerders vragen de waker of er inderdaad zeven monniken zijn. Deze bevestigt dit automatisch en redt daarmee twee broeders. Frère Amédée heeft sinds Kerstmis 1993 de gewoonte aangenomen zijn kamer altijd af te sluiten. De overvallers merken dat zijn deur niet opengaat, maar ze dringen niet aan. Zodra ze zeven gijzelaars geteld hebben, bekommeren ze zich er ook niet meer om, en ze gaan ook niet meer op zoek naar frère Jean-Pierre.

Wat hebben de twee overlevenden en de gasten van de *Ribât* gehoord en gezien? Een 'gespierde' overval door de islamisten. Maar de dramatische draagwijdte van dit gebeuren hebben ze niet meteen door. Het is inderdaad niet de eerste keer dat de 'broeders uit de bergen' bij nacht en ontij op visite komen. Tegelijk is er wel iets intrigerends... 'Het was 1 uur 15, die woensdag 27 maart 1996, toen ik wakker werd van dozen met geneesmiddelen die luidruchtig omgegooid werden. Ik dacht meteen: "Zoveel lawaai maakt frère Luc nooit wanneer hij een geneesmiddel zoekt, zelfs niet 's nachts." Dan hoorde ik mensen gedempt praten in de buurt van mijn kamer, maar de stem van frère Luc en zijn astmatisch gehoest hoorde ik niet. Toen realiseerde ik me dat 'zij' er waren, dat ze in het holst van de nacht opgedoken waren. Datgene waarover ik me geen illusies maakte, was aan het gebeuren!'[110] De volgende dag heeft frère Amédée verteld wat hij van die inval gemerkt heeft. Zoals het binnen de communiteit eerder was afgesproken had hij zich niet laten zien en heeft hij geen problemen gezocht. 'Alles doen om je hachje te redden', dat was het consigne. Het was niet nodig in het vizier te lopen.

Even voorzichtig blijkt frère Jean-Pierre. Als verantwoordelijke voor de 'portiersdienst' heeft hij een kamer vlak bij de ingang van het klooster. De overvallers 'vergeten' hem omdat ze al 'het juiste aantal' gijzelaars opgepakt hebben. Ook hij wordt wakker door het geluid van stemmen niet ver van de ingang. Hij blijft op zijn hoede en kijkt stiekem naar buiten: 'Ik zag een man met een tulband op en met een machinepistool schuin over de borst. Hij kwam binnen door de deur die toegang geeft tot het kloosterpand en de kamer van frère Luc. Omdat zijn praten en optreden mij helemaal niet aggressief leken, had ik er geen idee van dat dit ernstig was. Ik dacht dat men de hulp van de dokter kwam inroepen zoals dat al eerder was voorgevallen.' Maar wanneer hij het silhouet van frère Luc opmerkt op het voorplein van het klooster, 'met zijn dokterstas in de hand, vertrekkensklaar om met hen mee te gaan om zogezegd ernstig gekwetsten te verzorgen,' neemt zijn bezorgdheid toch wel toe. Tot dan toe hielden de monniken zich aan deze heel eenvoudige regel: frère Luc diende zorgen toe aan ieder die zich in het dispensarium aanbood, zelfs 's nachts, maar hij verplaatste zich niet naar de dorpen en tentenkampen om de gewonden te verzorgen. Allereerst stond zijn gezondheid hem dat niet langer toe en bovendien kon het overkomen als een soort keuze voor de 'broeders uit de bergen'. En dat laatste zou een inbreuk zijn op de regel van strikte neutraliteit die de communiteit zichzelf had opgelegd.

Wanneer het weer stil wordt, gaat frère Jean-Pierre ervan uit dat de gekwetsten verzorgd zijn en dat alles weer is zoals het hoort. Een ommetje door het kloosterpand doet hem evenwel versteld staan: overal op de grond liggen er kleren, die frère Luc anders uitdeelt aan mensen in nood. De terroristen hebben die kleren wellicht in het rond gegooid omdat ze niet vonden waarnaar ze op zoek waren. Slechts wanneer hij terug op zijn kamer komt, verneemt frère Jean-Pierre dat de medebroeders ontvoerd zijn. Hij hoort het nieuws wanneer frère Amédée en een van de mensen uit het gastenkwartier bij hem aankloppen: 'Weet je wat er gebeurd is? Wij zijn alleen achtergebleven, alle anderen zijn meegenomen.'

'Wij hebben ons vergewist van de toestand op de kamer van Christian, op die van frère Luc,' herinnert zich frère Jean-Pierre. 'Overal was de chaos compleet, de grond lag bezaaid met papieren, alle laden waren opengetrokken, de kasten stonden wijdopen, de tafels lagen vol met allerlei voorwerpen die daar niet hoorden te liggen, de schrijfmachine van Christian en zijn fototoestel waren verdwenen. Onze eerste reflex was de veiligheidsdienst te waarschuwen, maar toen zagen we dat de telefoonkabels op de kamer van Christian doorgesneden waren.'

Frère Jean-Pierre die vijftien jaar later nog over dit drama getuigt, zal wel vele keren de film van dit gebeuren aan zijn geestesoog hebben zien voorbijgaan. Een vraag blijft hem achtervolgen: 'Waarom ben ik aan de ontvoering ontsnapt? Ik heb eigenlijk niets gezien, ik heb geen mensen gezien die in groep voorbijkwamen, ik heb ook geen stemmen gehoord die ik had kunnen herkennen zoals de zware stem van frère Luc of zijn typische hoest. Niets. Had ik mij er rekenschap van gegeven dat ze de broeders meenamen, wat zou dan mijn reactie zijn geweest?' zegt hij na de moord. Frère Jean-Pierre herinnert zich de laatste eucharistie die ze die 26ste maart nog gevierd hebben. Samen hebben ze naar het Johannesevangelie geluisterd: 'Ik ga heen en u zult Mij zoeken,' zegt Jezus tot de joden die Hem ondervragen (...) 'En Hij die Mij gezonden heeft is met Mij: Hij laat Mij nooit alleen, omdat Ik altijd doe wat Hem welgevallig is.' (Joh 8, 21-30)

Voor de twee achtergebleven monniken en voor alle vrienden van het klooster begint daarop het lange wachten. 'Het enige wat ik hoop,' zucht frère Jean-Pierre na vijftien jaar nog altijd, 'is dat ze die periode in gevangenschap samen mochten doormaken en bidden.'[111] Niemand slaagt erin een spoor van de monniken te vinden en tot op vandaag heeft het onderzoek niet eens de identiteit van de ontvoerders opgeleverd. De GIA onder de leiding van emir Djamel Zitouni lijkt aan de oorsprong te liggen van de ontvoering. Maar hoe komt het dat de gijzelneming op een bloedbad is uitgedraaid? Was het een operatie op bevel van agenten van de Algerijnse geheime dienst die geïnfiltreerd waren in de gewapende groepen of ging het om een afrekening tussen concurrerende groepjes? De indicaties wijzen verschillende kanten uit, spreken elkaar ook tegen, en het wordt uiterst moeilijk om te ontdekken hoe de zeven monniken die zesenvijftig dagen gevangenschap hebben beleefd.

Op 26 april drukt de Saoudische krant *Al Hayât* het *communiqué n° 43* af dat de handtekening draagt van Zitouni. Daarin wordt de gijzelneming verdedigd en wordt van Frankrijk de vrijlating geëist van een aantal gevangenen die door de Algerijnse regering worden vastgehouden: 'Wanneer een monnik uit zijn ermitage naar buiten komt en zich onder de bevolking begeeft, dan wordt zijn dood gerechtvaardigd. Deze gevangen monniken leven niet van de wereld afgescheiden en zijn dus in dit geval. (...) Wij richten dit communiqué aan Frankrijk en aan president Jacques Chirac. Wij melden hun: "Uw zeven monniken zijn nog altijd in leven, ze zijn gezond en wel." (...) Ik zie dat men onze gevangenen kan ruilen voor de uwe. Aan u de keuze. Als u ze vrijlaat, zullen wij ze ook vrijlaten en als u weigert, zullen wij ze de keel oversnijden. God zij geprezen.' Zou dit veroordelen van 'monniken die zich onder de mensen begeven' gericht zijn tegen het onthaal van de dorpelingen door frère Luc? Maar die beschuldiging telt dan weer niet mee voor de medische zorgen die hij ook aan *jihadi's* verstrekt.

In ieder geval komt er na dit communiqué een nieuw signaal toe op de ambassade van Frankrijk te Algiers. Een mysterieuze bode overhandigt daar immers op 30 april een geluidsopname. De man die zich 'Abdullah' noemt, krijgt bij zijn vertrek een telefoonnummer mee om de bevoegde autoriteiten voor verdere onderhandelingen te bereiken. Maar nieuw contact blijft uit. De opname zelf is van 20 april, na 23 uur. Het bandje eindigt met het voorlezen van het bericht van het islamitische groepje en is getekend met Abou Abderrahmane Amine, alias Djamel Zitouni. Op de tape stellen de zeven monniken zich om de beurt voor, te beginnen met Christian de Chergé. Hij citeert het nieuws dat te horen was op de zender van radio Medi 1 zodat men de echtheid van hun verklaringen kan nagaan. Na een lang verhaal van de prior komt frère Christophe aan het woord: 'Ik ben frère Christophe Lebreton, zoon van Pierre en Jeanne Lebreton, monnik van het klooster te Tibhirine. Ik ben in goede gezondheid.' Daarna wordt het woord verleend aan de dokter: 'Ik ben frère Luc van het klooster van Tibhirine. Ik heb het nieuws gehoord op Medi 1 en ik word met mijn collega's gegijzeld door de... hoe heet dat hier? de *Jamaa Islamiyya*, alstublieft!' Hij spreekt met een vermoeide stem, maar wel vastberaden. En waarschijnlijk moet de aarzeling over de naam van de terroristische groep gezien worden als een ultieme provocatie vanwege de lekenbroeder. Een soort boutade, want frère Luc was altijd bijzonder goed op de hoogte van de actualiteit. Of zou het toch een teken zijn dat hij doodop was?

De geheime diensten hebben de tape grondig geanalyseerd. Sinds president Sarkozy in juli 2009 het declassificeren bevolen heeft van allerlei documenten die onder de militaire geheimhouding vielen, is die analyse nu toegankelijk geworden. Het commentaar van de Franse geheimagenten bevestigt in algemene bewoordingen dat de opname echt is. Meer specifiek wordt de aandacht gevestigd op de tussenkomst van de ouderdomsdeken onder de gijzelaars: 'We noteren dat alle religieuzen zich identificeren met hun familienaam en voornaam, en dat ze die van hun ouders ook noemen. De enige uitzondering is frère Luc, die alleen zijn kloosternaam opgeeft en zijn ware identiteit onvernoemd laat, evenals die van zijn ouders. Hij is overigens ook de enige die niet zegt dat hij in goede gezondheid verkeert.'

Maar hoe zou hij dat hebben kunnen zeggen, ook voor de gijzelneming was zijn conditie al niet schitterend. De gevangenschap doet daar duidelijk geen goed aan: 'De uitspraak van de priesters is bijzonder klaar en duidelijk,' aldus het commentaar, 'ook al klinken sommigen vermoeid. In dit opzicht lijkt de stem van Paul Dochier, tweeëntachtig jaar oud, dokter van het klooster van Tibhirine, wel bijzonder moe.'

Men hoort verder niets meer over het lot van de monniken voor het verschrikkelijke nieuws valt dat ze vermoord zijn. Dit nieuws zit ingebed in het *communiqué n° 44* van de GIA. Het bericht is van 21 mei, maar wordt pas twee dagen later uitgezonden. De tekst haalt het 'gevangennemen' aan 'van de zeven monniken die naar de bergen zijn overgebracht' en aan de zoekacties ontsnapt zijn. Dan wordt de mogelijkheid van onderhandelingen aangekaart en de afwijzing ervan zowel door de Franse president als door de minister van Buitenlandse Zaken. Het communiqué zegt dan: 'Omdat zij de dialoog hebben afgesneden, hebben wij alle monniken de keel overgesneden, conform onze overeenkomst. Dit is deze morgen in de vroegte voltrokken.'

HOOFDSTUK 17

Getuigen van de grootste liefde

De emotie die de executie van de zeven monniken van het Atlasklooster opwekt, is immens. Op zondag 26 mei dooft kardinaal Jean-Marie Lustiger plechtig de flakkerende vlammetjes van de zeven kaarsen die al sinds de dag van de ontvoering als een broos teken van hoop branden in de Parijse Notre-Dame. Op 28 mei komen als eerbetoon aan de zeven broeders tienduizend mensen van alle geloofsovertuigingen, christenen, moslims, joden, mensen van goede wil, samen in Parijs, op het voorplein van de Vrijheden en de Rechten van de Mens, bij Trocadéro. Ondertussen is er in Algerije nog steeds geen informatie opgedoken die het verschrikkelijke nieuws van het *communiqué n° 44* bevestigt. Waar vond de executie van de broeders plaats? En wat moet er nu gebeuren? Pas op 30 mei worden de hoofden van de vermoorde broeders gevonden, aan de rand van de weg die vanuit Blida naar Médéa loopt. De gegevens over die macabere vondst blijven eerder vaag, maar sommige hoofden zouden aan struiken opgehangen zijn, terwijl andere op de grond lagen. Waarschijnlijk had men ze daar 's nachts naar toe gebracht. De lichamen ontbreken en blijven onvindbaar. Vijftien jaar later is dat nog steeds het geval.

Diezelfde dag sterft kardinaal Léon-Etienne Duval. De emeritus-aartsbisschop van Algiers was 90 jaar en hij had zo'n nauwe banden met de communiteit van Tibhirine! Op 2 juni worden het stoffelijk overschot van de broeders en dat van kardinaal Duval samengebracht voor een begrafenisplechtigheid die voorgezeten wordt door kardinaal Francis Arinze als vertegenwoordiger van paus Johannes Paulus II. Maar eerst kwam nog een ultiem pijnlijk moment: de officiële herkenning van de slachtoffers. De verantwoordelijken van de cisterciënzerorde hebben bijzonder fel moeten aandringen bij de Algerijnse autoriteiten om de hoofden van de broeders te mogen zien. Dom Olivera herinnert het zich met pijnlijke nauwkeurigheid: 'Mijn laatste ontmoeting met frère Luc vond plaats op 31 mei 1996 om 12 uur 30 in het mortuarium of 'departement van wetsgeneeskunde' van het Aïn Naadja militair hospitaal van Algiers. In een grote zaal stonden zeven houten kisten opgesteld, bescheiden en zonder opsmuk. De bovenbladen waren geopend en weggeschoven, op ieder daarvan was een mooie en delicate rode roos neergelegd die een fijne geur verspreidde en symbolisch getuigde van de marteldood van de mensen die in de kisten lagen. Een hulpverpleger hield zeven kaartjes met de namen van de monniken in de hand. Het eerste gezicht dat ik zag, de huid droog en donker, was dat van frère Luc. Ik moest meteen denken aan sint-Jan de Doper, de Voorloper van Jezus.'[112]

Tijdens de uitvaartplechtigheid in de *Notre-Dame d'Afrique* te Algiers, bracht een sterk geëmotioneerde generaal-abt in zijn toespraak een laatste hulde aan zijn medebroeders. Hij zei: 'Wat kan een monnik over medebroeders vertellen? Zij weten evengoed als ik dat ons charisma binnen de Kerk bestaat uit zwijgen en werken, tot God bidden en Hem loven.' Daarna bracht hij de communiteit van Tibhirine in herinnering: 'Meer dan vijftig jaar lang heeft de verborgen stem van de monniken in stilte geklonken in het klooster van *Notre-Dame de l'Atlas*. De laatste twee maanden veranderde die stem in een schreeuw van liefde die weerklank vond in het hart van miljoenen gelovigen en in dat van mannen en vrouwen van goede wil. (...) Zonder ambiguïteit moet ons leven in navolging van Jezus de gratuite genade openbaren van de blijde boodschap van het evangelie, die wij willen beleven: een leven dat wordt weggegeven, ingezet, aangeboden, gaat nooit verloren. Men vindt het altijd opnieuw terug in Hem die het Leven zelf is!'

Op 4 juni worden de zeven broeders begraven in Tibhirine, te midden van de andere broeders van hetzelfde klooster die de jaren daarvoor zijn overleden. Ze worden naar hun laatste rustplaats begeleid door een kleine afvaardiging en door een indrukwekkend aantal dorpsbewoners uit de wijde omtrek.

'Omdat de dood een ontmoeting met God is, mag de dood geen verschrikking zijn. De dood, dat is God.'[113] Frère Luc liet in korte tekstjes aanvoelen welke spirituele weg hij met reuzenschreden had afgelegd. Als gevolg van zijn verantwoordelijkheden verspreidde Frère Christian de vrucht van zijn overpeinzingen via geschriften en tussenkomsten. De andere broeders schreven veeleer voor zichzelf en voor hun vrienden, elk volgens zijn eigen gevoeligheid. Allen geven uitdrukking aan dat mateloze geschenk van een leven dat aan God is toevertrouwd. 'Ik geloof dat niemand van ons veel inzit met zijn leven. Welke last valt daardoor niet van een gemeenschap af!' lachte frère Christophe op 23 augustus 1995 in het dagboek.

In augustus 1994 drukt frère Michel op zijn beurt die vertrouwvolle onthechting uit: 'Martelaar, dat is hier een bijzonder dubbelzinnige term. Als er iets met ons zou gebeuren - wat ik absoluut niet wens - dan is dat in solidariteit met al die Algerijnse mannen en vrouwen die hun leven al hebben moeten geven. Wij willen solidair zijn met al die onbekende mensen, met al die onschuldigen. Het lijkt me dat diegene die ons helpt hier stand te houden, ook Diegene is die ons heeft geroepen.'[114]

Maar vooral het 'geestelijk testament' van Christian de Chergé is een 'uitzonderlijk erfstuk', dat in de wereld een diep spoor nalaat. Het is ongetwijfeld een van de mooiste spirituele teksten van de twintigste eeuw en de ontstaansgeschiedenis ervan is bekend. De prior begon eraan in Algiers, op 1 december 1993, toen het ultimatum van de GIA afliep. Vanaf dat ogenblik weet iedere vreemdeling in Algerije dat hij of zij in gevaar is. Père Amédée keert op 30 november uit Frankrijk terug en frère Christian wacht hem op in de vlieghaven. Maar de vlucht is geannuleerd. Het is maar de vraag of ze de volgende dag zonder problemen tot in Tibhirine zullen kunnen reizen. In afwachting logeert Christian in het *maison saint-Augustin,* waar hij aan dit testament begint. 'Mocht ik op een dag - misschien wel vandaag nog - slachtoffer worden van het terrorisme dat nu wel alle vreemdelingen in Algerije lijkt aan te pakken, dan zou ik willen dat mijn communiteit, mijn Kerk, mijn familie zich herinneren dat mijn leven *gegeven* was aan God en aan dit land.'

Hij beëindigt het op 1 januari 1994, in Tibhirine. Ondertussen werden in Tamesguida twaalf Kroaten de keel overgesneden. En met Kerstmis zijn de terroristen in het holst van de nacht komen aankloppen. 'Ook aan jou, mijn vriend van het laatste ogenblik. Je zult niet geweten hebben wat je deed. Ja, dit *dank u* en dit *a-dieu* zijn ook aan jou gericht, in wie ik het gezicht van God zie. Moge het ons gegeven zijn dat wij, 'gelukkige moordenaars' die we zijn, elkaar weervinden in het paradijs - als het God, die ons beider Vader is, belieft. Amen. *Inch' Allah!* ' Christian heeft dit testament in september 1994 aan een van zijn broers toevertrouwd en het wordt door de familie vrijgegeven wanneer ze de dood van de monniken vernemen. De krant *La Croix* publiceert het integraal op 29 mei, nog voor de hoofden van de monniken gevonden worden.

Wat zou de mening van frère Luc over het geestelijk testament van Christian de Chergé geweest zijn? 'Christian heeft er bij ons nooit over gerept,' aldus frère Jean-Pierre. 'Dat spijt me. We hadden het allemaal kunnen ondertekenen.'

De eerbetuigingen zijn legio. De erfenis van de monniken van Tibhirine heeft al geleid tot meerdere boeken, films, artikels, schilderijen, iconen, en talrijke manifestaties. 'Zij hebben de verdwazing van het kwaad bestreden met zachtheid. Het was een innerlijke, geestelijke strijd.' Dat schrijft bijvoorbeeld Sylvie Germain. 'De gewelddadigen hebben het gehaald, maar ondanks de wrede realiteit was hun overwinning slechts schijn.'[115] Op 6 december 2001 spreekt Jean-Marie Rouart voor de *Académie Française*. Hij heeft het daar over het deugdzame leven en herinnert aan Tibhirine en zijn dokter. 'Ze werkten in de velden, waren gastvrij, gaven hun landbouwkennis door aan de buren en hielpen hen ook op medisch vlak, want een van hen was arts. Soms zongen ze. Hun taal klonk wat ouderwets en leek bevreemdend naïef. Zo noemden ze de wrede, onverdraagzame plunderaars die hen naar het leven stonden, 'de broeders uit de bergen', en de al even onverdraagzame als barbaarse politie die jacht maakte op deze schurken, duidden zij aan met de naam 'de broeders uit de vlakte'. Ja, ze bevonden zich tussen twee vuren, tussen twee vormen van geweld, twee soorten onverdraagzaamheid. Maar daarboven verheven hadden ze een heel eigen bijzonderheid: om zich te verdedigen droegen ze geen wapens, maar ze beantwoordden geweld met zachtheid en beledigingen met vergiffenis.'[116]

Men zou hier nog vele eervolle vermeldingen en eerbetuigingen aan het adres van de broeders van de Atlas kunnen aan toevoegen. Tot en met de film van Xavier Beauvois, *Des hommes et des dieux*. Die sleepte in mei 2010 de grote prijs van het filmfestival van Cannes in de wacht en werd voor het ruime publiek uitgebracht in september. Met meer dan drie miljoen kijkers in zes maand tijd. Met daarbovenop nog heel wat prijzen: met name in februari 2011 de *César* voor de beste film, en - bij wijze van knipoog - die van beste mannelijke bijrol voor Michael Lonsdale, voor zijn vertolking van frère Luc.

De film, maar ook het onderzoek loopt nog. In december 2003 legt de familie van Christophe Lebreton een klacht neer, samen met dom Armand Veilleux, die op het ogenblik van de feiten procurator-generaal van de orde was. Het is de aanleiding om een onderzoek op te starten om misschien eerstdaags de precieze omstandigheden van de ontvoering en de executie te kennen. De klacht schetst eerst een beeld van de religieuzen die in die pijnlijke periode overleden zijn. Daarna worden de redenen van die moordaanslagen geanalyseerd: 'Al die getuigen waren mensen die vriendschapsbanden hadden aangeknoopt met het Algerijnse volk en die heel nauw samenleefden met de gewone mensen van wie ze het leven deelden. (...) Die nabijheid en die broederlijkheid was wat stoorde en wat men wilde doen ophouden. Men verweet hun niet dat ze zieltjes probeerden te winnen, wat ze ook niet deden. Het verwijt was dat ze streefden naar gemeenschapsvorming, en dat ze alleen al door hun manier van leven iedere vorm van uitsluiting en iedere vorm van geweld veroordeelden.'[117]

Allerhande informatie doet de ronde, het onderzoek wordt zo goed en zo kwaad als het gaat voortgezet en misschien komt men ooit nog iets te weten over de zesenvijftig dagen gevangenschap. De antiterreur-rechter die dit dossier behandelt, mag er niets over vertellen. Alleen dat hij zich in het dossier vastbijt: 'Sinds jaren verdiep ik me erin. Die in 1996 vermoorde paters maken vrijwel deel uit van mijn leven. Ik denk vaak aan hen, het kan haast niet anders. Ik haal mij hen voor de geest, ik stel me sommige episoden uit hun leven voor, en wat ze moesten ervaren kort voor hun dood. Ik heb een diep respect voor die mannen,' zo erkent Marc Trevidic[118]. De rechter, toch wel een enigszins speciaal toeschouwer, bekeek de film *Des hommes et des dieux* met een vleugje scepticisme. Zijn oordeel was positief, maar hij maakte toch een opmerking die door de monniken beslist gunstig onthaald zou zijn: 'Ik heb er enorm van genoten, maar ik zou nog meer geraakt zijn zonder die massa gegevens die vast verankerd zitten in mijn hoofd, wat maakt dat ik de geschiedenis van de monniken onmogelijk los kan maken van het hele Algerijnse drama. (...) Geen mens is in staat om maar bij benadering te vertellen hoeveel Algerijnse burgers sinds 1991 zijn omgekomen, wellicht gaat het om tienduizenden. Niemand kan een sluitende verklaring geven waarom en door welke samenloop van omstandigheden wij in zulk bloedbad zijn beland.'

In Tibhirine gaat het leven door, maar anders. Sinds 2001 exploiteert de landbouwingenieur père Jean-Marie Lassausse, van de *Mission de France*, de wijngaard samen met twee vennoten uit het dorp, Samir en Youssef. 'Ik geloof niet dat ik me er in het begin helemaal van bewust was welke zware erfenis op mijn schouders rustte. Ik wist niets over de broeders. En nog vandaag tracht ik de boodschap van de vermoorde monniken te begrijpen. Er gaat geen dag voorbij of men spreekt me aan over de monniken (...) Op mijn manier, bescheidenweg, maak ik werk van hun belofte om te blijven.'[119]

Het hele jaar door komen er bezoekers in Tibhirine. Soms zijn het christenen die op bedevaart komen. Meestal gaat het echter om Algerijnse mensen die vroeger in de regio woonden en nu het klooster bezoeken omdat ze de broeders gekend hebben. Of buren die een heel aparte band bewaard hebben met frère Luc. Omdat hij een verwant heeft verzorgd, omdat hij hun moed insprak en geruststelde, of nog omdat hij op de jongere patiënten een diepe indruk heeft nagelaten. Al die mensen met hun verschillende motieven komen zich bezinnen bij de graven, blijven staan voor de vierkante steen waarin alleen zijn naam - Luc - is gegraveerd en de datum van zijn overlijden, 21 mei 1996, tevens het tijdstip van zijn intrede in het paradijs.

Naast die spontane bezoeken komen ook grotere groepen vrienden in Tibhirine bijeen voor een viering en om de broeders te gedenken, vooral op 'verjaardagen'. Zo ging op 21 mei 2004 dom André Barbeau, abt van Aiguebelle, waarvan Tibhirine afhangt, voor in een herdenkingsviering van de broeders: 'Men mag stellen dat onze medebroeders in de laatste drie jaren van hun leven de algemene waanzin hebben kunnen vaststellen die liefde verbindt met dood. Door hier in te zetten op de liefde, hebben ze ook hun leven op het spel gezet. (...) In de Regel van de monniken komt maar één gebed voor: "Moge Christus zich verwaardigen om ons samen naar het eeuwig leven te leiden." De gemeenschap van Tibhirine heeft dat tot op het eind beleefd.'[120]

'De zeven monniken die hier begraven liggen, kwamen om het leven in een land dat helemaal in de greep was van onlusten, waarbij geweld en broedermoord alles met vuur en zwaard verwoestten.' Tijdens een viering in juni 2007 was dit de uitleg van père Robert Fouquez, de bevriende eremiet die niet ver van Tibhirine woonde. 'Zij hielden van Algerije en van de Algerijnse mensen. Die band van mens tot mens drukte zich iedere dag concreet uit in de dienstbaarheid voor de zieken in het dispensarium, in het samen gedeelde zweet van het werk in de velden, in de aalmoezen die onopvallend aan de armen werden uitgedeeld bij het poortgebouw. Frère Luc zag dat als een permanente ontmoeting met God zelf: "Jezus (en God in Hem) komt ons de hele tijd tegemoet, maar wel op een verhulde wijze in het leven van alledag. Hij blijft ons confronteren met dit zo belangrijke kenmerk van zijn aanwezigheid: het feit namelijk dat Hij in mensen aanwezig is".'[121] Robert Fouquez, die nog altijd de geschriften van frère Luc in zijn hart draagt, citeert meermaals de dokter: 'Wij worden ertoe geroepen onze goedheid, onze vriendschap, al wat het hart van mensen raakt, aan God uit te lenen.' Naar de mening van de eremiet van Tamesguida is dat een dringende oproep aan het adres van de mensen van nu: 'De herinnering aan de monniken is een "gevaarlijke herinnering" omdat wij zo ontdekken dat we ons drievoudig moeten wegschenken - gratuiet, helemaal en door arm te worden - als we dienstbaar willen zijn voor de medemens. Wanneer de tijd mij dit drievoudig risico zal hebben doen lopen, zal veel duidelijker aan het licht komen dat ik niets heb gedaan behalve een pagina klaarleggen voor God waarop Hij zijn gedicht zal blijven schrijven.'[122]

De film, het onderzoek,... de communiteit. 'Gedurende heel de crisis in Algerije heeft dit filiaal gefunctioneerd als een 'terugvalbasis' voor het geval jullie zouden gedwongen zijn om Algerije te verlaten. En dat is ook nu nog steeds het geval.' Dat zei dom Armand Veilleux toen hij het klooster van Fès op 19 janurari 1996 kwam bezoeken. Mocht er wat gebeuren, dan zouden de broeders in Marokko opnieuw bijeenkomen, dat was de afspraak. En er was iets gebeurd: slechts twee broeders hadden het drama overleefd. De gemeenschap van *Notre-Dame de l'Atlas* bestond voortaan alleen nog in het dochterklooster van Fès. In 1999 trekken de monniken ook daar weg. Ze installeren zich in de Kasbah Myriem, te Midelt. Frère Amédée - hij sterft in 2008 in Aiguebelle - en frère Jean-Pierre hebben hun monastiek leven dus in Marokko voortgezet. Zij zijn de medebroeders van de zeven martelaars, echte avonturiers van een biddende aanwezigheid te midden van biddende mensen, en weldra komen nieuwe monniken zich bij hen vervoegen.

Vandaag leven ze van dit gegeven leven dat frère Luc met heel zijn geloof en met al zijn krachten heeft betracht, 82 jaar lang. 'Iedere keer dat we onze bezorgdheid voor onszelf opzij zetten om zorg te dragen voor iemand anders, dan beleven we dit geloof, echt Godsgeloof, ook al beseffen we dat misschien niet. Dat is "je leven verliezen omwille van Christus". Wanneer wij van anderen het leven ontvangen, dan krijgen wij opnieuw gevoel voor de diepste, de meest oorspronkelijke waarheid: we hebben onszelf het leven niet geschonken. Ons leven willen redden staat dus in tegenspraak met ons geschapen zijn. Streef je naar geluk, dan steven je regelrecht af op ontgoocheling en ongeluk. "Wil je gelukkig worden, maak dan iemand anders gelukkig." Het gaat er niet om dat we geloven dat de andere ons wat zal teruggeven, dat wij een beloning zullen ontvangen, dat zou gelijkstaan met je leven te willen redden. Als er vanwege de andere geen antwoord komt, dan is dat niet van het minste belang, het is in het geven zelf dat wij het leven vinden.'[123]

NAWOORD

Frère Luc, hopend op God

door Henri Teissier, aartsbisschop van Algiers van 1980 tot 2008

In het leven van het klooster van Tibhirine nam frère Luc heel zeker een bijzondere plaats in. Allereerst omdat hij samen met père Amédée tot de oudste monniken van de communiteit behoorde. Daardoor kon hij wat meer afstand houden van wat er gebeurde of van de beslissingen die genomen moesten worden. Bovendien had hij eerder in Tibhirine de moeilijke momenten van de Algerijnse burgeroorlog meegemaakt, waardoor hij een week lang ontvoerd werd. Voor hem was dat een extra reden om met meer afstand de nieuwe dramatische gebeurtenissen onder ogen te nemen waarmee de communiteit af te rekenen kreeg naar aanleiding van de islamistische crisis.

Frère Luc bekleedde ook een aparte positie door zijn werk als arts in het dispensarium, bij de ingangspoort van het klooster. Door zijn inzet voor de zieken had hij een goede relatie met veel mensen. Niet alleen dus met de families die in de buurt van het klooster woonden, want zijn patiënten kwamen ook uit Médéa of van nog veel verder. Voor velen was het klooster allereerst frère Luc en zijn dispensarium. Via hem ontdekten ze daarna de contemplatieve communiteit en kwamen ze ten slotte in contact met de individuele monniken.

Ook door zijn karaktersterkte en onafhankelijke geest was hij speciaal. Het volstaat de uittreksels uit de brieven te lezen die zijn neef Pierre Laurent heeft gebundeld, om op het spoor te komen van zijn temperament om te vechten voor God en voor de mensen. Die brieven getuigen zowel van zijn krachtig geloof en moedige inzet voor de zieken als van zijn bereidheid om te sterven. Die drie aspecten zijn in de teksten met elkaar verweven. Zijn 'dubbel leven', als broeder en arts, maakte dat hij niet helemaal als de anderen kon deelnemen aan het leven van de gemeenschap, namelijk aan het getijdengebed. Hij hechtte zeer aan zijn verplichtingen als kloosterling, maar soms moest hij omwille van de zieken de dienst vervroegd verlaten of kwam hij wat later binnen.

***

Mijn persoonlijke relatie met frère Luc werd gekenmerkt door al wat ik hierboven al aangaf. Ik beschikte over een grote vrijheid om père Christian te zien of met de gastenpater of met de portier te spreken. Door hun functie moest ik immers regelmatig met hen overleggen. Frère Luc kon ik echter niet zomaar aanspreken. Als ik met hem een gesprek wou, dan bereidde ik me daar speciaal op voor, zocht naar de schaarse momenten waarop hij vrij was, bijvoorbeeld wanneer hij voor het middagmaal in het kloosterpand op en neer wandelde.

Al was ik bisschop sinds 1973 en sinds 1981 zelfs zijn aartsbisschop, toch moet ik bekennen dat frère Luc me enigszins intimideerde. Allereerst vanwege zijn ouderdom en grote levenservaring. Maar vooral door zijn karaktersterkte. Ik herinner me nog hoe ik hem benaderde in de loop van 1995, toen het duidelijk werd dat Algerije een zeer diepe crisis doormaakte. Ik was ongerust over de toekomst van de communiteit en van het bisdom, en omdat ik wist over welk ruim netwerk hij beschikte, vroeg ik hem: 'Frère Luc, denkt u dat deze crisis nog lang zal duren?' Hij lachte: 'O, nu zijn we echt vertrokken voor een honderdjarige oorlog'. Dat antwoord heeft hij trouwens in zijn brieven aan meer mensen gegeven. Mijn reactie daarop was: 'Frère Luc, alstublieft, zeg dat toch niet altijd, u ontmoedigt ons!' Maar hij vond dat hij, tenminste als zijn gezondheid het niet begaf, het wel zou uithouden en dat hij trouw zou blijven in gelijk welke situatie.

Tijdens de islamistische crisis is het meer dan eens voorgevallen dat ik bij een bezoek aan de communiteit de nacht in het klooster doorbracht en 's ochtends père Christian ontmoette die me zei: 'Een groep strijders is vannacht in het dispensarium geweest om gekwetsten te laten verzorgen.' Frère Luc had de mensen dus opgevangen en verzorgd. Maar zelf vertelde hij daar niets over, alsof het om een normale dienstverlening ging, die hij met het oog op het medisch geheim discreet voor zijn rekening moest nemen.

Door die nachtelijke visites nam père Christian het besluit om op het gelijkvloers een kamer te nemen bij de ingang van het klooster, dicht bij de kamer van frère Luc en het dispensarium. Gewoonlijk was het dus Christian die de mensen 's nachts ontving en met hen in discussie trad, voordat hij de dokter riep. Een aantal keer is hij er trouwens in geslaagd om gewapende bendes te doen afzien van hun voornemen om frère Luc mee te nemen naar de bergen om daar gekwetsten te verzorgen.

★★★

Twee maal heeft père Christian mij gevraagd om de leden van de gemeenschap individueel te ontmoeten. Ik moest nagaan of ieder afzonderlijk wel achter de beslissing stond om te blijven, in weerwil van het gevaar. Het onderhoud met frère Luc duurde niet lang. Twee zaken vond hij storend: zijn gezondheid die hem hinderde en beperkte bij zijn dienstbetoon en het feit dat hij maar moeilijk de geneesmiddelen vond die zijn zieken nodig hadden.

Bij elk bezoek dat ik aan het klooster bracht, nodigde père Christian mij uit om in het kapittel het woord te nemen. Dan vertelde ik wat nieuws over het bisdom en ik gaf weer in welke geest wij de toestand beleefden en hoe die van dag tot dag evolueerde. Daarna volgde een kort gesprek met de gemeenschap. De interventies van frère Luc waren heel beknopt, waarbij hij zonder aarzelen te kennen gaf welke beslissingen genomen moesten worden. Om de waarheid te zeggen, waren we wel een beetje geïntimideerd als we voor hem het woord namen. Want we wisten hoezeer hij zich gaf in zijn leven als monnik, in zijn dienstwerk en in zijn relaties met de bevolking en we beseften terdege dat wij hem allleszins niet veel konden bijbrengen.

★★★

Kardinaal Duval hechtte zeer aan het dienstbetoon van frère Luc in het dispensarium. Gesprekken van de kardinaal met père Christian over dat onderwerp verliepen soms nogal gespannen. De prior dacht immers al aan het ogenblik waarop frère Luc niet langer in staat zou zijn om die dienst te verzekeren. Père Christian drukte daarbij de wens uit om het dispensarium te sluiten, omdat hij hoopte dat de mensen uit de omgeving de gemeenschap dan zouden aanvaarden als biddende, contemplatieve communiteit en niet langer omwille van de medische dienstverlening. De kardinaal was het daar niet mee eens. Hij zei dat de opvatting van de prior niet realistisch was en dat hij een andere trappist moest zoeken die in staat zou zijn frère Luc te vervangen. Ten overstaan van een moslimbevolking die slechts bij uitzonderlijke gelegenheden het gebed van de monniken kon bijwonen, bracht het dispensarium een complementair en bijzonder waardevol getuigenis, zo vond kardinaal Duval.

Men kent de passus in het Geestelijk Testament van père Christian waarin de prior schrijft: 'Mijn dood zal natuurlijk allen gelijk lijken te geven die mij afdeden als een naïeveling of een idealist'. Frère Luc van zijn kant was alles behalve naïef. Zijn aanwezigheid in de communiteit bracht er het volle gewicht van zijn evangelisch realisme binnen. De diepte ervan toont zich in de korte briefjes aan zijn correspondenten: 'Hier leven we te midden van geweld en waanzin, met twee partijen die elkaar bevechten op leven en dood. Weldra word ik eenentachtig. Ik word nog altijd lastiggevallen door de armen en de zieken. Mijn enige verdediging is mijn absolute hoop op God. (brief van 6 november 1994).

De laatste jaren komt in zijn brieven wel aan bod hoezeer hij vermoeid is, maar tegelijk merkt men ook hoe vredig en beslist hij klinkt: 'Wanneer je sterft, val je in God.'. En nog: 'Een oude man is maar miserabel, tenzij zijn ziel zingt.' Ik moet erkennen dat ik de diepte van frère Lucs geloof beter heb leren kennen door zijn brieven te lezen dan door wat hij mij, bij leven en welzijn, rechtstreeks heeft gezegd. Hij leefde geheel voor zijn zieken en zijn monastieke trouw. Voor lange confidenties was hij niet in de wieg gelegd.

Alle vrienden van Tibhirine kennen volgende anekdote over frère Luc. Vermoeid door astma had hij op een dag het besluit genomen om weg te gaan en zich terug te trekken in een ander klooster. Daarop wandelde hij naar de hoek van het klooster vanwaar men een uitzonderlijk vergezicht heeft op het Atlasgebergte. Ontroerd door zoveel schoonheid zou hij toen heel eenvoudig gezegd hebben: 'Misschien zal ik maar tot morgen wachten om te vertrekken.' Die langverwachte 'morgen' heeft geduurd tot hij ontvoerd werd.

Michael Lonsdale heeft prachtig vertolkt wie frère Luc was. Wie hem gekend heeft, kan zich vandaag nog slechts met moeite zijn gelaatstrekken voor de geest halen zonder dat het gezicht van de acteur zich opdringt. Toch lijken bepaalde opmerkingen van frère Luc in de film me niet waarschijnlijk, zo bijvoorbeeld zijn reactie op frère Christian naar aanleiding van een bezinning die deze laatste in het kapittel gehouden had. 'Heb jij iets begrepen van wat hij ons gezegd heeft?' Christian was heel attent voor frère Luc en omgekeerd heb ik nooit gemerkt dat de mysticus ergernis opriep bij de 'veldwerker'.

Wel integendeel: in de communiteit was de karaktersterkte van frère Luc een steun voor allen en niet het minst voor de prior zelf. Men kan zich zelfs afvragen of de gemeenschap wel haar besluit om te blijven had kunnen gestand doen, was daar niet de moed, kalmte, dienstvaardigheid, het geloof en het engagement voor het monniksleven geweest van frère Luc.

+ Henri Teissier
Aartsbisschop emeritus van Algiers

BIJLAGE 1

De jaren vijftig in Tibhirine

Uit de kroniek van het klooster Notre-Dame de l'Atlas:

'Zoals dat past voor een belangrijk personage, is onze wachter Bechlaram gezegend met een serieus buikje. Maar na een maand ramadan ziet hij er merkwaardig slank uit. Een aanrader dus voor wie een vermageringskuur nodig heeft.

De zieken waren het meest te beklagen; maar ik vergat te zeggen dat dit jaar de totale abstinentie (niet drinken, niet eten, niet roken, en zich elk ander genoegen ontzeggen) 's morgens om half drie begon en pas om half acht 's avonds eindigde. In de stad geeft een kanonschot 's avonds het verlossende signaal en dan staat iedereen al met een sigaret klaar.

Dat alles belet onze arme zieken niet even dikwijls als anders het dispensarium van onze medebroeder Luc op te zoeken, hoewel ze soms wat minder talrijk zijn. Sommigen komen te voet, tien, twintig kilometer ver. Anderen leggen daarvoor op de rug van een muilezel tot vijftig, zestig kilometer af, dat wil zeggen vanuit Bogar, aan de rand van de woestijn. Uiteraard reizen ze dan 's nachts. Zij zijn het die als eersten aan de poort van het dispensarium te zien zijn.

Wat hen aantrekt, is ongetwijfeld het feit dat de verzorging gratis is, maar ook en vooral de kennis en de toewijding en de bovennatuurlijke geest van hun 'toubib'. Met hun religieuze mentaliteit voelen zij zich op hun gemak in het dispensarium waar een groot Maria/Myriambeeld staat waar de kinderen bloemen voor meebrengen.

Vroeger hing er ook een grote foto van Onze-Lieve-Vrouw van de Atlas, maar een van de vrouwelijke zieken vroeg er met zoveel aandrang om dat die goeie frère Luc ze maar weg heeft gegeven. Verder is er een kruisbeeld, of liever twee kruisbeelden - het ene aan de muur en het ander op het tafeltje van de dokter. Men ziet er ook een grote foto van de Christus van Lympias, een gravure met de heilige Theresia van Lisieux als - extreem viriele -vijftienjarige. Er is een foto van père de Foucauld, van wie ook een beeldje op de operatietafel staat, kunstig vervaardigd door onze voormalige medebroeder Bernardus, die nu op het kerkhof van Maison-Carrée rust.

Achter de deur, enigszins verborgen door de handdoek, hangt een gravure die frère Luc daar wellicht uit nederigheid heeft opgehangen én omdat ze artistiek knap is. Het betreft een prachtige prent van Goya, die een als dokter verklede domme ezel afbeeldt die met een uitdrukking van oneindige, zelfzekere intelligentie op zijn tronie bij een bedlegerige zieke de pols neemt.

Zowat overal op de muren staan er opschriften, in potlood of inkt, als evenvele oproepen tot geestelijk leven. En dan zeggen we nog niets over een karton met daarop een lang gebed waarin de dokter God vraagt dat deze de arme zieken genezing zou schenken.

Het gebouwtje is niet rijk bemeubeld: operatie- of onderzoekstafel, een wankele taboeret, eigenlijk een oude stoel met afgezaagde rugleuning. Frère Luc doet daar de patiënten plaatsnemen bij wie hij een tand trekt - of zelfs twee of drie kiezen na elkaar. Voor hij daaraan begint vraagt hij: *'Andek courage?* - ben je moedig?' Waarop eigenlijk niets dan 'ja' te antwoorden valt. Het schijnt dat hij ooit een kies heeft verwijderd waarvan de wortels in allerlei richtingen verstrengeld waren. Hij heeft een half uur moeten wroeten voor hij de stukken een na een kon verwijderen, en dat zonder een klacht van de patiënt!

Een andere keer moest hij bij een kind een grote abces opereren. De moeder nam toen haar sluier af om er het hoofdje van het kind mee te bedekken zodat het al die instrumenten niet zou zien. Zelf wendde zij het hoofd af, en achteraf dankte ze haar lieve kleine omdat hij niet te veel had geweend. Maar het is vooral de dokter aan wie eindeloze dankbetuigingen gericht worden, en ook de goede God wordt bedankt die hem tot zoveel toewijding inspireert.

Een verborgen engagement dat wel tien keer lastiger is, is wat onze frère Luc voor medebroeder Fortunat presteert. Hij verzorgt hem nu al vijf jaar als een kind. Er is nog geen warm water in de infirmerie voorhanden en dus moet die arme broeder het in de keuken halen om Fortunat een bad te geven. Dat betekent dat hij twee lange trappen moet beklimmen en daarna nog de hele slaapzaal door moet. Merken we hem onderweg op, dan helpen we hem, maar soms staat hij er alleen voor of wil hij dat werk alleen opknappen.

Zelf heeft hij bijna constant last van chronische sinusitis. Maar om zichzelf te verzorgen, is hij lange niet zo plichtsbewust. Het kan niet anders of al die goedheid moet wel zegen aantrekken over dit huis.'

BIJLAGE 2

Armoede is een basisvoorwaarde

Ongedateerd manuscript, aangetroffen in het missaal van frère Luc.

Zalig wie de geest van een arme heeft.
Zalig wie aanvaardt zich onder de kritiek van Gods woord te stellen.
Zalig wie zijn eigen overtuigingen in vraag kan stellen.
Zalig wie kan geloven dat we nog niets hebben begrepen.
Zalig wie de gedachte kan aanvaarden dat God ons alles mag vragen.

Verzaken aan de opvatting die wij ons van de armoede gemaakt hebben, die 'verarming' is wat God eerst van ons verlangt.
Geen 'ziels'-gesteltenis kan bestaan zonder zich in een 'lichamelijk' gebaar te veruitwendigen.
De vernedering rijk te zijn, is een begin van de armoede. De gevaarlijkste van alle rijkdommen is trots zijn dat je arm bent.
Wie heeft de ziel van een arme? Wanneer de Heer onze materiële of spirituele positie op losse schroeven zet?
Armoede is de basisvoorwaarde om ontvankelijk te zijn voor God.

Vertrek! Laat je land, je cultuur, je gewoontes, je hele verleden achter je. En Abraham ging op weg zonder te weten waarheen. (Heb 11,8) (Een onfeilbaar teken dat hij in de goede richting ging, vond Gregorius van Nyssa). Abraham had de ziel van een arme. Hij nam een woord van God aan, dat alles op de helling zette.

Armoede waarin men zich installeert, die vastligt, verworven is, is een contradictio in terminis: een 'aanwinst' te meer.
Onze armoede zal eruit bestaan vol vreugde alles op de helling te zetten. Onzeker zijn over de dag van morgen vereist een heel groot vertrouwen in God.
God wil dat je je nergens aan vastklampt. Christus is de waarlijk Arme. Hij heeft nergens houvast gezocht. Hij heeft er zich niet aan willen vastklampen gelijk te zijn aan God. Hij heeft zichzelf ontledigd. (Fil 2,6-8)

Zij die Christus ontmoet hebben, hebben zich laten doen – 'zonder te weten waarheen zij gingen, zonder te weten waar ze zouden uitkomen.'
Ieder heeft zijn eigen opvatting van God. Ook daarvan moet je je losmaken.
De eerste aanstootgevende goddelijke ingeving is: God is arm.
Van iemand beginnen te houden die niet van jou houdt, dat is werkelijke schepping.
Zalig wie de vicieuze cirkels van onze eentonige disputen, van onze wrevel en wrok, doen openbreken.
Het evangelie is aan de armen verkondigd. Dat wil zeggen aan alle mensen die voldoende vrij zijn, voldoende onthecht, voldoende openstaan.
Wanneer een mens zich leegmaakt, komt er voor Gods werking plaats in hem vrij. Wanneer hij zich (aan Hem) toevertrouwt zoals een arme.
Arm zijn = onzekerheid = vertrouwen.

BIJLAGE 3

Een medebroeder boordevol contrasten

Tekst van Christian de Chergé naar aanleiding van de tachtigste verjaardag van frère Luc:

Voor frère Luc, 31 januari 1994

Naar aanleiding van zijn 80 jaar!

U houdt niet van loftuitingen, frère Luc. Ik evenmin. En het is ook veel te vroeg. Dezer dagen hebt u mij gezegd dat er van al wat mensen vertellen zestig percent onwaar is. Hoe zou ik dus het woord over u durven voeren en toch hopen dat het oprecht klinkt? Maar zou zwijgen beter zijn? Is dat dan altijd voor honderd percent waar? Dat betwijfel ik...

De wijze om uit die impasse te komen is me ingegeven door wat u bent en wat in mijn ogen ook uw rijkdom is en de les die u ons voorhoudt:

een mens boordevol contrasten!

Dat men van u tegelijkertijd diametraal tegengestelde zaken kan vertellen, dat haalt het foutenpercentage serieus naar beneden. Het lijkt me immers dat de concentratie van uw aanwezigheid onder ons veel van zijn smaak haalt uit de consistentie van dat mengsel. En lijkt de vermenging van die contrasten niet op die saus waarvan u het geheim bezit en waardoor de spijzen hun natuurlijke smaak behouden?

Voor ons koormonniken is er het allereerste contrast, zorgvuldig onderhouden, ondertussen al meer dan vijftig jaar: uw dokterscultuur die handig gelogenstraft wordt door jaloerse trouw aan de gebruiken en geplogendheden van uw staat van lekenbroeder. 'Hij had een groot abt kunnen worden, en - wie weet? - misschien zelfs generaal-abt,' dat zullen de nostalgici zeggen, ongetwijfeld diezelfde mannen van wie u oordeelt dat zij zich voor zestig percent vergissen.

Meer in het algemeen, is er bij u een flagrante tegenstelling te merken tussen uw potentieel gewelddadige temperament waarvan u met inzet van veel moed iedere opwelling tracht te beheersen, en die golf van vertedering, die van God-weet-waar in u opwelt en die u weerloos maakt voor het lijden van een baby, en u totaal ontwapent voor de kinderen die voortdurend aan uw mouw trekken of voor de smeekbeden van de vrouwen, wat niet minder lastig is.

Ik hoor nog die 'dialoog':

'Neen, het is gedaan! Het hangt mijn voeten uit, leugenares!' De deur gaat met een klap dicht. Ze belt nog eens aan. U opent.

'Heb je het nu nog niet begrepen. Khlass!...' enz.

Dan blijft de deur toch openstaan. U draait zich om. Ze volgt u. U gaat uw kabinet binnen en zonder u zelfs om te keren, zegt u: 'Wel schat, wat heb je nu weer voor?'

Een contrast ook tussen dat pijnlijk naar adem moeten happen, dat ons allen doet blazen en meelijden met u, bereid om samen met u de geest te geven... en uw in de grond fundamenteel robuuste gezondheid, zoals men die thans niet meer maakt, die u toestaat om duizendmaal per dag over en weer te lopen en dat de volgende dag weer te doen, alsof het de eerste keer was.

Misschien moeten we ons wel afvragen of u niet veeleer lijdt aan te veel adem. In elk geval hebt u zeker de omtrek van de wereld afgestapt, alleen maar door heen en weer te lopen van uw dispensarium naar de medicamenten of de keuken. En als je al die treden van de trap achtereen zou plaatsen, hebt u ieder jaar zowat de Himalaya bestegen.

Een ander contrast is er tussen wat men met een mooi eufemisme de ‘wanorde’ in uw cel zou kunnen noemen, die ieder regulier bezoek tart, en dat geheel intact gebleven geheugen dat u recht naar de plaats brengt waar zich het geneesmiddel in kwestie bevindt. Men zou zweren dat de ‘gaten in uw geheugen’ waarover u graag een klaagzang aanheft, eveneens door u zijn geïnventariseerd zodat ze zich op de juiste plaats bevinden.

Een laatste contrast, want dan houd ik op, zien we tussen enerzijds wat eenieder uw pessimisme noemt (een somber overblijfsel, zo zegt men, van uw Lyonese afstamming?): zoveel onweerlegbare diagnosen over de natuur van het ‘malum physicum’ stemmen u maar zelden tot verblijdende prognoses over de gezondheid van de mens in de samenleving, meer speciaal in de Algerijnse samenleving, vooral op dit moment, maar evengoed in de monastieke samenleving. En anderzijds is er dat algehele vertrouwen op de barmhartigheid Gods die u doet kijken met de blik van een kind en die u zo gevoelig maakt voor zoveel nood, vooral wanneer die voortspruit uit onrecht, of het gevolg is van boos opzet. U kunt het ongeluk niet verdragen van de zwakken die men misbruikt, op gevaar af dat u ze op hun beurt van uw zwakheid, die zo gemakkelijk uit te buiten valt, laat gebruik maken.

Contrasten, dus...

Maar dat alles lijkt sterk op de contrasterende kleuren van een ondergaande zon. Ieder weet dat u van die zonsondergangen hier houdt, en dat al vele jaren, avond na avond. Is dat niet een mooie manier om zich op de eigen 'ondergang' voor te bereiden? En dan is er ook nog uw voorkeur voor het licht en de kleurschakeringen van de herfst. Ongetwijfeld is dat iets wat maakt dat wij met volle teugen mogen genieten van de herfst van uw leven, en dat ons dank u doet zeggen, frère Luc, dat wij die mogen aanschouwen. Dank u dat u er bent, zoals u bent, als een rustige belofte van de dag die komt, en het levend teken dat hij al begonnen is in het geschenk van een mooie zonsondergang. Dank u voor deze dag, en dank aan allen die hem vandaag met ons kwamen meemaken. En, om het te houden bij een culinaire en communitaire beeldspraak: dank u om 'hier en nu', in ons midden, het 'bindmiddel' te zijn dat de ene met de andere samenbindt.

BIJLAGE 4

Geestelijk testament van frère Luc

8 maart 1994

'Wie zijn leven wil redden, zal het verliezen. Maar wie zijn leven verliest vanwege Mij, zal het redden.' (Mt. 16,25).

Voorwerp van de zin is 'zijn leven redden': God wil voor ons 'het leven'.

'Je leven redden', is dat leven invoegen waar het hoort; ons probleem bestaat in het 'juist gesitueerd zijn', wat wil zeggen 'verbonden zijn'. Het relationele is wat ons doet leven. Wat we nodig hebben om te leven, kunnen we niet in onszelf vinden. De dood zet alle relaties stop. De uitweg, zo zegt het geloof ons, is onze relatie met God, een relatie waaraan onverwoestbaarheid beloofd is, als wij dat willen. De zon van ons leven laat zich bepalen als een 'uit zichzelf treden', want 'op zichzelf blijven' staat gelijk met blijven hangen in de sfeer van de sterfelijkheid.

'Je leven willen redden' is: denken dat wij zelf het centrum zijn - en dat is (je leven) verliezen. De eenzaamheid van het graan is de dood; een vrucht die ontsnapt aan het graan-zijn is gered.

Dilemma van het christelijk leven: de angst of het geloof. Het geloof redt, niet de angst. Het geloof bestaat erin dat we ons vertrouwen schenken aan iemand of iets dat buiten ons staat.

'Je leven wagen' heeft geen enkele waarde.

Vanwege Mij je leven verliezen voor Christus, betekent 'je leven geven uit liefde'.

Het zijn de anderen die ons het hemels geluk schenken. Zij zijn voor ons Gods aanwezigheid die ons tot leven oproept. Als het geloof redt, dan is het omdat het onze blik naar een andere mens toekeert, dus een relatie schept die ons uit onze dodelijke eenzaamheid losrukt.

Iedere keer dat wij de bezorgdheid voor onszelf opzijzetten om zorg te dragen voor iemand anders, beleven we dit geloof, echt Godsgeloof, ook al beseffen we dat misschien niet: 'je leven verliezen omwille van Christus'.

Wanneer we van anderen het leven ontvangen, komen we weer oog in oog met onze meest oorspronkelijke waarheid: wij hebben onszelf het leven niet gegeven. Dat leven willen sparen staat dus in tegenspraak met ons geschapen-zijn.

Wie het geluk najaagt, stevent recht op ontgoocheling af, op ongeluk. 'Wil je gelukkig zijn, maak dan iemand anders gelukkig.' Van onze kant brengen wij in de wisselwerking alleen onze gave aan. De 'terug-gave' hangt niet van ons af. Daar speelt het geloof, de sprong in de leegte.

Het gaat er niet om dat we geloven dat de andere ons zal vergoeden, dat wij een beloning zullen ontvangen. Dat zou gelijkstaan met je leven te willen redden. Als er van de andere geen antwoord komt, dan is dat niet belangrijk, want in het geven zelf vinden wij 'het leven'.

Je leven verliezen: Christus bestaat niet voor zichzelf en daarom vinden wij ons heil door te bestaan voor Hem, wat wil zeggen voor zijn broeders die ook onze broeders zijn.

BIJLAGE 5

Een gegeven leven gaat nooit verloren

Uitgesproken door dom Bernardo Olivera, generaal-abt van de Orde van de Cisterciënzers van de Strikte Observantie, bij de uitvaart te Algiers, Notre-Dame d'Afrique, 2 juni 1996.

Wat kan een monnik over zijn medebroeders zeggen? Zij weten evengoed als ik dat ons charisma binnen de Kerk bestaat uit zwijgen en werken, tot God bidden en Hem loven. Maar we beseffen ook dat er een tijd is om te spreken en een tijd om de stilte te bewaren.

In de kloostergangen van Onze-Lieve-Vrouw van de Atlas weerklonk de verborgen stem van de monniken in stilte, meer dan vijftig jaar lang. De laatste twee maanden veranderde die stem in een schreeuw van liefde die weerklank vond in het hart van miljoenen gelovigen en van mannen en vrouwen van goede wil. Onze zeven medebroeders uit Tibhirine: Christian, Luc, Christophe, Michel, Bruno, Célestin en Paul zijn vandaag woordvoerders geworden van al die mensen wie de mond gesnoerd wordt en ook van zovele onbekenden die hun leven gegeven hebben voor een meer humane wereld. En nu lenen onze zeven monniken hun stem ook aan mij.

Wij moeten binnentreden in de wereld van de ander, of dat nu een christen of een moslim is. Want als 'de andere' niet bestaat, is er ook geen ruimte voor echte liefde. We moeten ons laten 'storen' en verrijken door het bestaan van de andere. Laten we open blijven, luisterbereid naar iedere stem die ons oproept. Laten we kiezen voor de liefde, voor vergeving en communio, en tegen iedere vorm van haat, van wraakzucht en geweld. Laten we vast geloven dat er in het hart van ieder mens een diepgeworteld verlangen naar vrede leeft.

Het getuigenis van de monniken, zoals dat van iedere christen, kan slechts ten volle begrepen worden in het verlengde van het getuigenis van Christus zelf. Ons leven in navolging van Jezus moet zonder ambiguïteit de gratuiete genade openbaren van de blijde boodschap van het evangelie die wij willen beleven: een leven dat weggegeven wordt, ingezet, aangeboden, gaat nooit verloren; men vindt het altijd opnieuw terug in Hem, die het Leven zelf is!'

Onze medebroeders zijn de rijpe oogst van de Kerk die in Algerije haar Pasen beleeft. Onze medebroeders zijn eveneens de rijpe vruchten van het Algerijnse volk dat hen heeft aangenomen en met achting heeft bejegend gedurende zovele jaren van aanwezigheid en samenleven. Ziedaar waarom een woord van dankbaarheid van onzentwege voor u allen nodig is. Kerk van Algerije, en u allen, mensen van Algerije, vereerders van de enige God: wij zijn u oneindig dankbaar voor de eerbied en de liefde die u altijd jegens onze medebroeders hebt betoond.

Luister maar, als je dat kan:
Tot bij Hem komen, is je losmaken van jezelf.
Stilte: ginds, daarboven, is alles visioen.
Voor hen, onze medebroeders van Tibhirine,
is het woord nu alleen nog maar Aanschouwen.
Amen.

CHRONOLOGIE

1843	Twaalf monniken van de abdij van Aiguebelle (Drôme, Frankrijk) vestigen zich te Staouéli (Algerije).
1904	De monniken gaan weg uit Algerije en wijken uit naar Italië.
31 januari 1914	Geboorte van Paul Dochier te Bourg-de-Péage (Drôme, Frankrijk).
5 juni 1924	Vormsel van Paul Dochier in de Sint-Niklaaskerk van Romans (Frankrijk).
1934	Een aantal monniken komen uit Slovenië over naar Algerije.
1932–1937	Paul Dochier studeert medicijnen te Lyon.
1937–1938	Eerste contacten van Paul Dochier met de abdij van Aiguebelle
7 maart 1938	Het klooster *Notre Dame de l'Atlas* wordt in Tibhirine gesticht door de abdij van Aiguebelle.
1939–1941	Paul Dochier vervult zijn militaire dienstplicht in Zuid-Marokko.
7 december 1941	Frère Luc wordt postulant in de abdij van Aiguebelle.

26 april 1943	Frère Luc neemt als Dr. Dochier de plaats in van een andere geneesheer als krijgsgevangene in Duitsland (Oflag 6A).
5 juli 1945	Terugkeer uit Duitsland.
7 augustus 1945	Terugkeer naar Aiguebelle.
28 augustus 1945	Aankomst te Tibhirine (Algerije).
15 augustus 1949	Plechtige professie van frère Luc als lekenbroeder te Tibhirine.
2 juli 1959	Frère Luc en frère Matthieu worden een week lang door het FLN ontvoerd.
5 juli 1962	Algerije wordt onafhankelijk.
1964	Frère Luc verblijft in de Abdij *Notre-Dame des Neiges* (Ardèche, Frankrijk).
2 oktober 1965	Frère Luc opnieuw in Tibhirine.
1984	Christian de Chergé wordt verkozen tot prior van het klooster van Tibhirine.
januari 1992	In Algerije wordt de noodtoestand afgekondigd.
oktober 1993	De GIA (Groupe Islamique Armé) stelt een ultimatum: alle vreemdelingen moeten binnen de maand Algerije verlaten.

14 december 1993	Twaalf Kroaten worden te Tamesguida, niet ver van Tibhirine, om het leven gebracht.
24 december 1993	GIA-leden doen een eerste raid op het cisterciënzerklooster van Tibhirine.
27 maart 1996	Zeven monniken van Tibhirine worden 's nachts door een twintigtal gewapende kerels ontvoerd. Frère Amédée en frère Jean-Pierre kunnen ontkomen.
18 april 1996	De GIA eist de ontvoering van de monniken op.
20 april 1996	De ontvoerde monniken worden gedwongen om een audiocassette in te spreken. Die tape wordt tien dagen later afgegeven op de Franse ambassade te Algiers.
21 mei 1996	Een nieuw communiqué meldt hun dood.
30 mei 1996	De verminkte lichamen van de monniken worden teruggevonden in de buurt van Médéa.
2 juni 1996	Uitvaart te Algiers van de vermoorde monniken en kardinaal Duval, die op 30 mei overleed.
4 juni 1996	Het stoffelijk overschot van de monniken wordt te Tibhirine begraven.
16 juli 1996	Djamel Zitouni, de leider van de GIA, komt om het het leven.
1 augustus 1996	Aanslag op en dood van mgr. Pierre Claverie, bisschop van Oran.

BIBLIOGRAFIE

GESCHRIFTEN VAN DE BROEDERS VAN TIBHIRINE

Sept vies pour Dieu et l'Algérie, teksten verzameld en gepresenteerd door Bruno Chenu, Bayard/Centurion, 1996

Aime jusqu'au bout du feu, gedichten van frère Christophe, Monte-Cristo, 1997

L'invincible espérance, Christian de Chergé, Bayard/Centurion, 1997

Le souffle du don, dagboek van frère Christophe, Bayard/Centurion, 1999

Dieu pour tout jour, hoofdstukken van Christian de Chergé, *Les cahiers de Tibhirine*, Bellefontaine, 2004

L'autre que nous attendons, homilieën, Christian de Chergé, Bellefontaine, 2009

Adorateurs dans le souffle, homilieën, Christophe Lebreton, Bellefontaine, 2009

Lorsque mon ami me parle, homilieën, Christophe Lebreton, Bellefontaine, 2010

La table et le pain pour les pauvres, homilieën, Christophe Lebreton, Bellefontaine, 2010

OVER DE BROEDERS VAN TIBHIRINE

De droom van Tibhirine, Ivo Dujardin, Lannoo, 2009

Jusqu'où suivre? Les martyrs de l'Atlas, Bernardo Olivera, Cerf/ Parole et Silence, 1997

Petite vie des moines de Tibhirine, Christophe Henning, Desclée de Brouwer, 2006

Le jardinier de Tibhirine, Jean-Marie Lassausse, Christophe Henning, Bayard, 2010

Des hommes et des dieux: les images du film, les écrits des moines, Bayard, 2010

FILMS

Frère Luc, moine de Tibhirine, Sylvère Lang, AME, 2003

Le testament de Tibhirine, Emmanuel Audrain, Montparnasse, 2006

Des hommes et des dieux, Xavier Beauvois, Mars distribution, 2010

Le jardin de pierres de Tibhirine, Gilles Cayate en Jean Chichzola, Jour du Seigneur, 2010

DANKBETUIGING

De auteurs willen graag in het bijzonder Pierre en France Laurent en Hubert Laurent bedanken, neven en nicht van frère Luc, zonder wie dit boek nooit had kunnen afgewerkt worden. Hun dank gaat ook uit naar dom Jean-Pierre, prior van het klooster *Notre-Dame de L'Atlas* in Midelt (Marokko) en naar père Jean-Pierre, laatste overlevende van Tibhirine. Door hun welwillendheid kregen we toegang tot de archieven van Tibhirine en hun getuigenis. We danken de *Association des Ecrits des 7* omdat ze ons de toestemming gaven om de teksten van de broeders van Tibhirine te gebruiken.

We willen ook onze dank betuigen aan dom Bernardo Olivera, abt van Azul (Argentinië) en generaal-abt emeritus van de Cisterciënzerorde van de strikte observantie, die zijn correspondentie met frère Christian de Chergé en de archieven van de generaal-abt ter beschikking stelde. Verder danken we dom Eric, abt van Aiguebelle, en zijn broeders voor hun ontvangst en hun medewerking, monseigneur Henri Teissier, aartsbisschop emeritus van Algiers, père Gilles Nicolas, voormalig priester van Médéa (Algerije), Sylvère Lang en de vereniging *Ame* en ten slotte de diverse getuigen, religieuzen, Algerijnen, … die hun herinneringen aan frère Luc met ons wilden delen.

EINDNOTEN

1. Klacht ingediend bij de Rechtbank van Parijs op 9 december 2003.
2. In 1903 werden de kartuizers verdreven uit het klooster dat in de XIde eeuw door de heilige Bruno gesticht was. Op 21 juni 1940 keerden ze ernaar terug.
3. Brief van frère Jean-Pierre aan de auteurs, 22 oktober 2010.
4. *Les cloches de Nagasaki*, Paul Nagaï, Casterman, 1954.
5. Brief van 5 april 1954.
6. Brief van père Anselme aan de generaal-abt, 28 december 1954.
7. Brief van frère Amédée, 18 juni 1957, archieven van Aiguebelle.
8. Getuigenis tegenover de auteurs.
9. Brief van dom Ignace Gillet aan dom Sortais, 30 augustus 1963.
10. Verslag van de vergaderingen van het *definitoire*, 13 december 1963.
11. Brief aan dom Ignace, 12 november 1964, Notre-Dame des Neiges.
12. Brief van frère Luc aan dom Ignace Gillet, 18 juli 1966.
13. Dagboek van de communiteit, 11 juni 1995.
14. Getuigenis tegenover de auteurs, 29 januari 2002.
15. *Frère Luc, moine de Tibhirine*, film van Sylvère Lang, Ame, 2003.
16. Getuigenis van frère Jean-Pierre, Rome, 5 oktober 1997.
17. Brief van Robert Fouquez aan de auteurs.
18. Brief aan de auteurs.
19. Getuigenis tegenover de auteurs.
20. Getuigenis van frère Jean-Pierre, Rome, 5 oktober 1997.
21. Brief aan de auteurs.
22. Brief aan de auteurs, 22 oktober 2010.
23. Brief aan de auteurs, 22 oktober 2010.
24. Uittreksel uit het logboek van Claude en Jean, archieven van Tibhirine.
25. Antwoorden van het klooster Notre-Dame de l'Atlas op de vragenlijst van de Unie van hogere oversten en afgevaardigden van Algerije met het oog op de synode van het Godgewijde leven, 1994.
26. Brief aan de auteurs, Azul, 10 december 2010.
27. Opname van frère Luc, januari 1986.
28. Dagboek van de communiteit, 11 maart 1993.
29. Brief van frère Jean-Pierre aan de auteurs, 22 oktober 2010.
30. Brief aan de auteurs, 22 oktober 2010.
31. Notitie in het *Johannesevangelie*, Cerf, 1953.
32. Brief aan de auteurs.
33. Brief van Christian de Chergé aan frère Placide, 7 maart 1996.
34. Dagboek van de communiteit, 31 januari 1993.
35. Toespraak voor de 80ste verjaardag van frère Luc, door Christian de Chergé, Tibhirine, 31 januari 1994, volledige tekst in bijlage 3.
36. Dagboek van de communiteit, 30 januari 1994.
37. *Frère Luc*, film van Silvère Lang, 2003.

38. Getuigenis tegenover de auteurs.
39. *Frère Luc*, film van Silvère Lang, 2003.
40. De hoofdstukken 11, 12 en 13 zijn grotendeels geïnspireerd door het artikel van Thomas Georgeon dat verscheen in *Collectanea Cisterciensia 68* (2006) onder de titel *'Donner sa vie pour la gloire de T'aimer; Tibhirine ou un chemin communautaire ves le martyre'*.
41. *Dieu pour tout jour. Chapitres du Père Christian de Chergé à la communauté de Tibhirine* (1986-1996). Cahiers van Tibhirine n°1, abdij Notre-Dame d'Aiguebelle, p.444.
42. *La Croix*, 31 december 2005.
43. Brief aan de auteurs.
44. Schrift waarin frère Christian aantekeningen maakte tijdens de bijeenkomsten (cf. archieven van de Atlas in de abdij van Aiguebelle).
45. Brief van 11 januari 1995, *Jusqu'où suivre*, frère Paul, Cerf.
46. *Dieu pour tout jour*, p. 166.
47. *Dieu pour tout jour*, p. 273.
48. *Dieu pour tout jour*, p. 448.
49. *Dieu pour tout jour*, p. 448.
50. Dagboek van de communiteit, 23 december 1993.
51. Getuigenis van frère Jean-Pierre, archieven van Aiguebelle.
52. Getuigenis van frère Amédée, Fès, 29 juli 1996.
53. *L'invincible espérance*, Christian de Chergé, Bayard, 1997.
54. *Dieu pour tout jour*, p. 451.
55. *Dieu pour tout jour*, p. 458.
56. *L'invincible espérance*, p. 241-242.
57. *Jusqu'où suivre*, p. 13.
58. *Dieu pour tout jour*, p. 444.
59. *Dieu pour tout jour*, p. 451-452.
60. 8 maart 1996, *Sept vies*, p. 205-206.
61. Deze zin staat als briefhoofd op het briefpapier dat door mevrouw de Chergé gebruikt werd.
62. *Le souffle du don*, p.94.
63. *L'invincible espérance*, p. 298-299.
64. Dit hoofdstuk herneemt grotendeels het artikel van Thomas Georgeon dat verscheen in *Collectanea Cisterciensia 69* (2007) onder de titel *'La transparence de l'absolu'*.
65. *'Trébucher sur le chemin'*, tekst van frère Luc, zonder datum, archieven van Tibhirine.
66. Brief van 10 juli 1992.
67. Handgeschreven citaat, gevonden in het missaal van frère Luc.
68. Brief van 21 november 1992.
69. Brief van 20 maart 1993.
70. Brief van 28 mei 1995.
71. Getuigenis van France Laurent, 2007.
72. Brief van 23 december 1989.
73. Brief aan dom Ignace Gillet, generaal-abt, 12 november 1964.
74. Brief van 6 augustus 1985.
75. Gilbert Cesbron, *Passé un certain âge*, Robert Laffont, Parijs, 1980, p. 50.
76. Getuigenis van frère Jean-Pierre, Rome, 5 oktober 1997.
77. Spirituele aantekeningen, archieven van Tibhirine.
78. Brief van 25 juni 1995.
79. Brief van 12 februari 1994.
80. Brief van 25 november 1994.
81. Brief van 12 december 1983.
82. Brief van 2 september 1985.
83. Handschrift gevonden in het missaal van frère Luc.
84. Brief van 22 september 1995.
85. Brief van 17 april 1986.

86. Brief van 31 december 1976.
87. Brief van 18 april 1987.
88. Brief van 16 maart 1991.
89. Getuigenis van père Jean-Pierre, Rome, 5 oktober 1997.
90. Spirituele aantekeningen, archieven van Tibhirine.
91. Brief van 18 september 1994.
92. Spirituele aantekeningen, archieven van Tibhirine.
93. Brief van 9 april 1992.
94. *'Le sang de l'amour, les martyrs d'Algérie'*, artikel in *Eglise d'Algérie*.
95. Brief van 8 mei 1995.
96. Brief van 24 oktober 1994.
97. Brief van 25 maart 1995.
98. Brief van 10 oktober 1993.
99. Brief van 4 december 1995.
100. Brief van 17 november 1993.
101. Brief van 31 maart 1995.
102. Dagboek van de communiteit, 31 december 1994.
103. Gastenboek van de communiteit Notre-dame de l'Atlas, 12-19 januari 1996.
104. Brief van 22 september 1995.
105. Brief van 11 juni 1995.
106. Brief van 5 maart 1996.
107. Brief van 15 maart 1996.
108. *'Charismes des communautés religieuses face à la situation actuelle en Algérie'*, Christian de Chergé, Tibhirine, 19 maart 1996.
109. Brief van 24 maart 1996.
110. Getuigenis van 21 juni 1996, opgenomen in *Jusqu'où suivre?*, Bernardo Olivera, Cerf / Parole et Silence, 1997.
111. Pèlerin, 24 februari 2011.
112. Getuigenis tegenover de auteurs, 10 december 2010.
113. Brief van 28 mei 1995.
114. Brief aan zijn neef Joseph Crand, geciteerd door dom Olivera, omzendbrief van 21 mei 2006.
115. *La Croix*, 24 maart 1997.
116. Jaarlijkse openbare zitting van de Académie française, 6 december 2001.
117. Klacht ingediend bij de Rechtbank van Parijs op 9 december 2003.
118. *Au coeur de l'anti-terrorisme*, Marc Trévidic, Lattès, 2011.
119. *Le jardinier de Tibhirine*, Jean-Marie Lassausse en Christophe Henning, Bayard, 2010.
120. Homilie van dom André Barbeau, Tibhirine, 21 mei 2004.
121. Homilie van Robert Fouquez, kerkhof van Tibhirine, juni 2007.
122. Gastenboek van de communiteit Notre-Dame de l'Atlas (Fès 20-28 november 1995 – Tibhirine 12-19 januari 1996).
123. Handschrift van frère Luc, 8 maart 1994.

INHOUD

INFLUENCEURS : UNE VIE SOUS ALGORITHME